どうすれば、売れるのか？

世界一
かんたんな
「売れるコンセプト」
の見つけ方

ダイヤモンド社

はじめに

「どうすれば、売れるのか？」

これはビジネスをしている人が抱える永遠のテーマかもしれません。すべてのビジネスパーソンが悩み、考えてきたテーマだと思います。

そして「売る」ための新しいマーケティング手法が、時代とともに次から次に出てきます。

かつては、従来型のマス広告を前提にした「ＡＩＤＭＡ理論」がうたわれていました。

これは、消費者がどのような〝いきさつ〟でその商品を買うかを分析したものです。

それによると、

A：Attention（注意）まず、その商品・サービスに注意を向ける（その商品を知る）
I：Interest（関心）興味を持つ
D：Desire（欲求）「ほしい！」という欲求が出てくる
M：Memory（記憶）記憶に焼き付ける（覚えておく）
A：Action（購買）店頭に足を運び、買う

という流れです。そしてネット時代になると、「ＡＩＳＡＳ理論」になります。

A：Attention（注意）まず、その商品・サービスに注意を向ける（その商品を知る）
I：Interest（関心）興味を持つ
S：Search（検索）ネットで検索して情報を集める
A：Action（購買）（店頭、ネットを問わず）買う
S：Share（シェア）ＳＮＳなどで、シェアする

という流れです。

マーケティングの理論では、「消費者がこのように行動するので、これに合わせて商品を訴求すれば売れる！」と考えられています。

これはこれで必要な考え方だと思います。ですが、このＡＩＤＭＡ理論、ＡＩＳＡＳ理論に当てはめた場合、抜け落ちる要素があります。そして、その要素が抜け落ちているからこそ、一生懸命マーケティングを考えても、一生懸命頑張っても「なぜか売れない」ということになるのです。

その抜け落ちている要素とは、**「商品」**です。

消費者が商品を買う流れで考えれば、「商品を知る」から始まります。ですが、企業（提供者）はその前に**「商品を作る」**という段階があるはずです。

このＡＩＤＭＡやＡＩＳＡＳの行動パターンをもとにマーケティングをしようとすると、自分たちが作る商品を飛ばして、

「どのように消費者に認知してもらえばいいか？」
「どうやって興味を持ってもらおうか？」
「検索された時の情報を充実させよう」
と考えることになってしまいます。

これではいくら頑張っても売れません。マーケティングを考える前に、**そもそも自分の商品がお客さんを惹きつけているか**を考えなければいけない、お客さんを惹きつける商品でなければ、いくら〝マーケティング〟をしても意味がないのです。

これまで、商品の設計方法や、商品の価値の伝え方に関して、様々なノウハウが語られてきました。

「モノではなく、体験を売らなければいけない」
「ドリルを売るのではなく、そのドリルが果たす〝結果〟を売らなければいけない」

確かにその通りだと思います。何か商品を買う時、ぼくらはその物質を買っているわけではありませんね。その商品を持っていたらできるようになる「体験」や「感情の変化（落ち着く、テンションが上がるなど)」を買っているのです。

また、売り物は〝ドリル〟だったとしても、ぼくらがドリルをほしがるのは、ドリルという物体がカッコいいからではなく、「ドリルを持っていたら、穴を開けられるから」なわけです。

そういう意味で、「モノではなく体験を売る」「ドリルではなく、〝穴〟を売る」という考え方は大切です。

ただ、話をここで終えてはいけません。


「体験」や「〝結果〟」を売っていいのは、**相手がそれをほしがっている時**に限ります。ただ単に体験を売ればいいだけではなく、ただ単に〝結果〟を打ち出せばいいわけではありません。相手がほしい体験、相手が望む結果を提供しなければいけないわけです。

「そんなことは当たり前」と感じるかもしれませんが、世の中を見渡すと、消費者がほしい体験、望む結果を売っている商品・サービスがとても少ないことに気づきます。

それだけ、「わかってはいるけど、結局できていない」ということなのだと思います。

しかし一方で、いつもうまくいっている会社もあります。ヒット商品を連発していたり、口コミだけで予約が埋まっていたり。

そういう会社は明らかに考え方が違います。マーケティング方法が違うというより、売り物を作る時の考え方に大きな違いがあります。

ぼくが勤めていたリクルート社もそのうちの一つです。リクルート社が手掛けるビジネスはかなりの確率でヒットしています。多くの方は「リクルート社は営業力があるから売れている」と感じるかもしれませんが、そうではありません。

リクルート社の営業マンには、「キャリアビュー制度」といって、3年限定の契約社員が多くいます。経験豊富な営業マンではありませんが、それでも立派な営業成績を残せます。リクルート社の本当の力は、経験が浅い営業マンでも売れるように**「売り物」を設計している、その設計力にあります。**

ひと言で言えば、リクルート社が提供しているのは、**相手がほしい体験、望んでいる〝結果〟**です。そして、常に視点がそこからブレず、しかも新しい事業を立ち上げる時も、まったく同じ結果を生むことができます。

ぼくはリクルート社で「売り物設計」の本質的な考え方を知り、その後自分のビジネスを通じて、**「売れる法則」**を理論化させました。

ぼくが毎年毎年、ベストセラーと言われるような本を出すことができるのも、この売れる法則に愚直に従っているからです。ぼくが日々コンサルティングに入っている案件でも、この法則を取り入れるとすぐに結果が出ます。集客力が上がり、売れるようになるのです。

本書では、その法則の考え方、「売り物」を設計する時の具体的な手順を細かくお伝えしていきます。

木暮太一

目次

どうすれば、売れるのか？

世界一かんたんな「売れるコンセプト」の見つけ方

第1章

「売れる」と「売れない」の違いはどこにある？

第2章

売れるコンテンツの4つの特徴

第3章 売れるコンテンツを作る

序章

売れるものには法則がある

「人を惹きつけるもの」の正体

あなたの売り物は、どうすれば売れるようになるのでしょうか?

口コミなどで苦労せずに売れているものもあれば、反対に、一生懸命頑張っているのにまったく売れないものもあります。この違いはどこにあるのでしょうか?

また、人を集めているサイトと、なかなか注目を集められないサイトがあります。これは、一体何が違うのでしょうか?


この本では、「**人を惹きつけるもの**」「**注目を集めるために不可欠の要素**」を解き明かし、そして、どうすればそれを作り出せるのかを解説していきます。

この本を手に取った方は、何かしらのビジネス、集客、発信活動をしている方だと思います。多くの方が、自分が行っている活動・ビジネスに注目を集めたいと思っています。そして、「どうすれば、売れるのか?」を常に考えているでしょう。しかし同時に、人が何に惹かれるのか、人の注目を集めるためにはどうすればいいのかが、イマイチつかめずにいます。

本書では、この「どうすれば、売れるのか?」の答えを解き明かしていきます。

新しく作る商品だけでなく、今ある商品が売れるようになるためのコンセプト(考え方、概念)の見つけ方をお伝えしていきます。

コンセプトとは、概念・考え方ですね。つまり、「売れるコンセプト」とは、「売れる概念・売れる考え方」ということです。ただ、ここには「何についての考え方か」が抜けています。売れる考え方とは言うけれど、「何を考えればいいのか?」が抜け落ちているわけですね。だから「売れるコンセプトを考えなきゃ!」といっても、なかなか答えが出ないのです。

そして、結論から言うと、考えるべきものは「**その商品が持つ〝コンテンツ〟**」です。

商品が持つコンテンツを魅力的にできれば売れるし、魅力的にできなければ売れません。

コンセプトを考えようとすると、何からどう考えればいいのかわからず、前に進めません。考えるべきことは、「その商品が持つコンテンツ」なんです。「いいコンセプトのビジネスだね」と感じられる場合、それは、そのビジネスの「コンテンツ」がいいということです。「いい商品コンセプトを考えよう」とは、つまり「お客さんがほしがるコンテンツを持った商品を考えよう」ということです。

どういうことか、これから詳しく解説していきます。


たとえば、価格．ｃｏｍというサイトがあります。主に家電商品の価格情報（価格比較）を掲載しているサイトです。価格．ｃｏｍのサイトに行けば、自分がほしい商品が、どの店でいくらで売っているかがわかります。つまり、「最安値の店」がわかるわけです。

インターネットの通販サイト同士を比べてどっちが安いかを比較するのは簡単ですが、実店舗の値段を調べて比較するのは、一般消費者には労力がかかりすぎます。でも、価格．ｃｏｍを見に行けばそれが一発でわかるわけです。

価格・ｃｏｍは、多くの消費者に注目されて大ヒットのインターネットサイトになりました。

価格・ｃｏｍのサイトにアクセスが集まるのは、なぜでしょうか？

ネーミングがおもしろいから？

新聞や雑誌など、いろんなメディアに取り上げられたから？

デザインが見やすいから？

検索エンジンで、上の方に表示されていてクリックしやすいから？

それらの要素もゼロではないと思います。ただ、どれも本質的な決定打にはなっていません。つまり、ネーミングがいいからアクセスするわけではなく、メディアに取り上げられたからでもなく、デザインがいいからでもないのです。

消費者が価格・ｃｏｍのサイトにアクセスするのは、価格・ｃｏｍが提供している「**コンテンツ**」に魅力を感じるからです。

価格・ｃｏｍのサイトに消費者がアクセスするのは、そこで提供されている「商品の最安値情報というコンテンツ」に魅力を感じ、そのコンテンツをほしいと思うからですね。

これは当たり前、かつ非常にシンプルな事実ですが、多くの提供者が忘れてしまっていることでもあります。自社のオウンドメディアを作りたい、自分のブログにアクセスを集めたい、売れる商品・サービスを作りたいと思っている提供者はとても多いです。

ですが、ほとんどのケースでは、自分たちが提供しているものの中身より、キャッチコピーやデザインが注目されてしまっています。

そして、自分たちが提供する中身を磨く前に、とにかくメディアで紹介されることを必死に願っていたりします。

それではお客さんの注目は集められませんし、ましてやお金をもらうこともできないでしょう。

すべては中身、すべてはそのサイト、サービス、商品の「**中身（コンテンツ）**」が人を惹きつけるかどうか、です。

すべての商品は「コンテンツ」として買われている

バブルが崩壊してから、多くの企業の商品がなかなか売れずに残っています。それに対し、日本は長らく「モノづくり」で栄えてきた、そして今はモノ余りの時代だから商品が売れなくなった、とよく言われます。

日本経済が低迷しているのは、モノづくりしかできないからとも言われます。ですが本当にそうでしょうか?

モノが足りていなかった時代でも、消費者は「モノ」を買っていたわけではありません。自動車や家電がバカ売れしていた時代がありました。しかしその時代でも、「自動車」というモノ（物体）が求められていたわけではありませんね。家電という金属が求められていたわけではありません。

自動車や家電を買った時に得られる、何か他の「ほしいもの！」が手に入るから、それを買うんです。そして、今となってはそれらの「ほしいもの！」が手に入らなくなったから自動車や家電が売れなくなっているのです。

つまり、どんな商品であれ、消費者はその物体を購入していたわけではなく、その物体としての商品が持っている魅力、持っている力、それを使って実現できるものを買っていたのです。

それを本書では、「**コンテンツ**」と定義します。

コンテンツと聞くと、アニメやゲームを思い浮かべる方が多いかと思います。一般的には、コンテンツはデジタルのエンターテインメントとして使われますが、決してそれだけがすべてではありません。

「コンテンツ」とは、あくまで「**中身**」のことです。

すべての商品には「中身」があります。

当たり前ですが、映画のDVDを買う時、消費者はそのDVDのプラスチックがほしくて買っているわけではなく、「中身」である映画を買っています。同じように、冷蔵庫は、物質的には「鉄」ですが、「中身」は「冷やす」という機能で、消費者が冷蔵庫を買うのは、その機能がほしいからです。

どんな商品でも「中身」を持っていて、消費者がその商品を買うのは、その「中身」、つまり「**その商品が持つコンテンツ**」がほしいからです。

そのため、商品・サービスが売れるか売れないかは、**その商品・サービスが持っているコンテンツが魅力的か、そしてその魅力が消費者にどう伝わるか**で決まっているわけです。

どんな商品でも、そのコンテンツが評価されて買われています。そして、その商品が持つコンテンツに魅力がなければ、いくら高価な材料を使っていても、いくら有名なデザイナーがデザインしても、売れないのです。

つまりは、モノがあふれているから売れないのではなく、顧客が求めているコンテンツが商品・サービスに入っていないから売れない、ということなのです。

「コンテンツ」とは？

このコンテンツの概念をご理解いただくために、再度説明を加えます。

世の中を見渡すと、様々な商品が売られています。スーパーに行けば野菜、果物、パン、おにぎりが並んでいます。家電量販店にはテレビ、冷蔵庫、パソコン、携帯電話が並んでいます。

それ以外にも多くの店舗で、多くの商品が売られていて、ぼくら消費者も日々多くの商品を買っています。みなさんも、つい最近も何か商品を買ったでしょう。

あなたはなぜその商品を買ったのでしょうか？　言い方を換えると、何を求めてその商品を買ったのでしょうか？

家電商品を考えるとわかりやすいですが、消費者が家電を買う時、求めているのはその家電の物質ではありませんね。掃除機を買うのは、その掃除機を形作っている「プラスチック」を買っているわけではありません。みなさんが買っているのは、掃除機が果たす「**役割**」ですね。

つまり、「掃除機を使ってできること」があり、みなさんはその「**できること**」を買っているわけです。

すべての商品は同じように「役割」「それを使ってできること」があります。そして、その役割を通じて、商品はぼくらに**何かしらの変化**をもたらしてくれます。

掃除機を持っていたら、部屋をきれいにすることができます。電子レンジを持っていたら、食べ物を温められます。

スマートフォンを持っていたら、いつでもどこでも、メールやインターネットができ、ゲームも楽しめるようになります。スマートフォンという機械がそれらを提供してくれているわけです。

それが本書でいう「コンテンツ」です。

売るものは形がある「モノ」でも構いません。コンテンツ（お客さんがほしい！と思う要素）がモノに内蔵されていたら、モノを売っても構わないのです。

iPhoneはモノですね。ですが、iPhoneを持つことは驚きの体験でした。iPhoneは、お客さんが「**これやりたい！　こんなものがほしい！**」という〝コンテンツ〟を提供していたのです。

しかし、これを「モノ（機能）」として捉えてしまうと、完全に方向性を見失います。iPhoneが発売された時、日本のメーカーで、同じようなモノが生産できないか検討されたそうです。この時、そのプロジェクトリーダーを担当していた方のお話を聞いたことがあります。

「上がってくる企画書が、みんなスペック重視で絶望した」

要は、「うちなら、モノ（機能）としてiPhoneよりいい商品が作れます。より高いスペックのモノを作れます」というコメントしか上がってこなかったということなのです。iPhone自体は物質的なモノですが、みんながiPhoneを持っているのは、その機能をほしいからではありません。iPhoneが提供するコンテンツをほしいからなのです。

ぼく自身、消費者としてこのエピソードを体験しました。それまで使っていたiPhoneの調子が悪くなったので、機種変更をしに携帯ショップに行った時の話です。新しいiPhoneを買いに行きましたが、ショップにはいろいろな携帯が並んでいます。そこでふと「別にiPhoneじゃなくてもいいかなぁ」と思うようになり、日本製の携帯端末を手に取ってみていました。

一つ気に入ったのがあったので、それにしようと決め、店員さんに手続きを依頼しました。すると、その機種はiPhoneの最新モデルよりも高いことがわかりました。勝手に「iPhoneが一番高く、他の機種はiPhoneより安い」と思い込んでいたので、かなり意外でした。店員さんに「あ、iPhoneより高いんですね」と言うと、「そうなんです。でも、カメラの性能とか、音楽を聴く時の音質はiPhoneよりいいですよ」との返答。

なるほど、たしかに内蔵されているカメラの画素数は、デジタル一眼レフ並みです。もはやプロが使うくらいのレベルです。音質も〝ハイレゾ〟に対応しているようで、本当にいい音で音楽を聴くことができそうです。もはや携帯電話ではなく、プロのカメラであり、音響機器です。さすがだと思います。

ただ、ぼくはそんなスペックを望んでいたわけではありませんでした。その機能があっても構いませんが、別になくてもいい。「どっちでもいい要素」なわけです。そして、もしその「どっちでもいい要素」のせいでiPhoneより高くなっているとしたら、本末転倒ではないでしょうか?

実際問題、画素数をプロ並みにまで求めている人がどれほどいるでしょうか? ぼくが富士フイルム社にいた時、「パソコンの画面で見るくらいなら、30万画素あれば十分、L

サイズ（通常の写真サイズ）に焼くなら、80万画素あればOK」と言われていました。よほど拡大してみない限り、それ以上の画素数があっても、実際は意味がないんです。

もちろん、画素数も多い方がいい気がするし、〝ハイレゾ〟対応もうれしいでしょう。でも、ぼくにはこれが「ハード機器の機能重視」に見えて仕方がありませんでした。

「端末代は高くなります。でも、カメラのスペックはiPhoneよりずっと高いです」というスペック重視の売り方では、もはや消費者の気持ちを動かせません。そのことを強く実感した出来事でした。

「すべての商品は、それが持っているコンテンツを売っている」

そういう視点で世の中を見渡してみてください。そして、売れている商品と売れていない商品を見比べてみてください。かなりわかりやすい差が見えてきます。そして同時に、売れる商品を作るためにはどうすればいいか、つまり売れるコンテンツを作るためにはどうすればいいかが自分で見つけられるはずです。

消費者は、商品が持つ「コンテンツ」にお金を出す

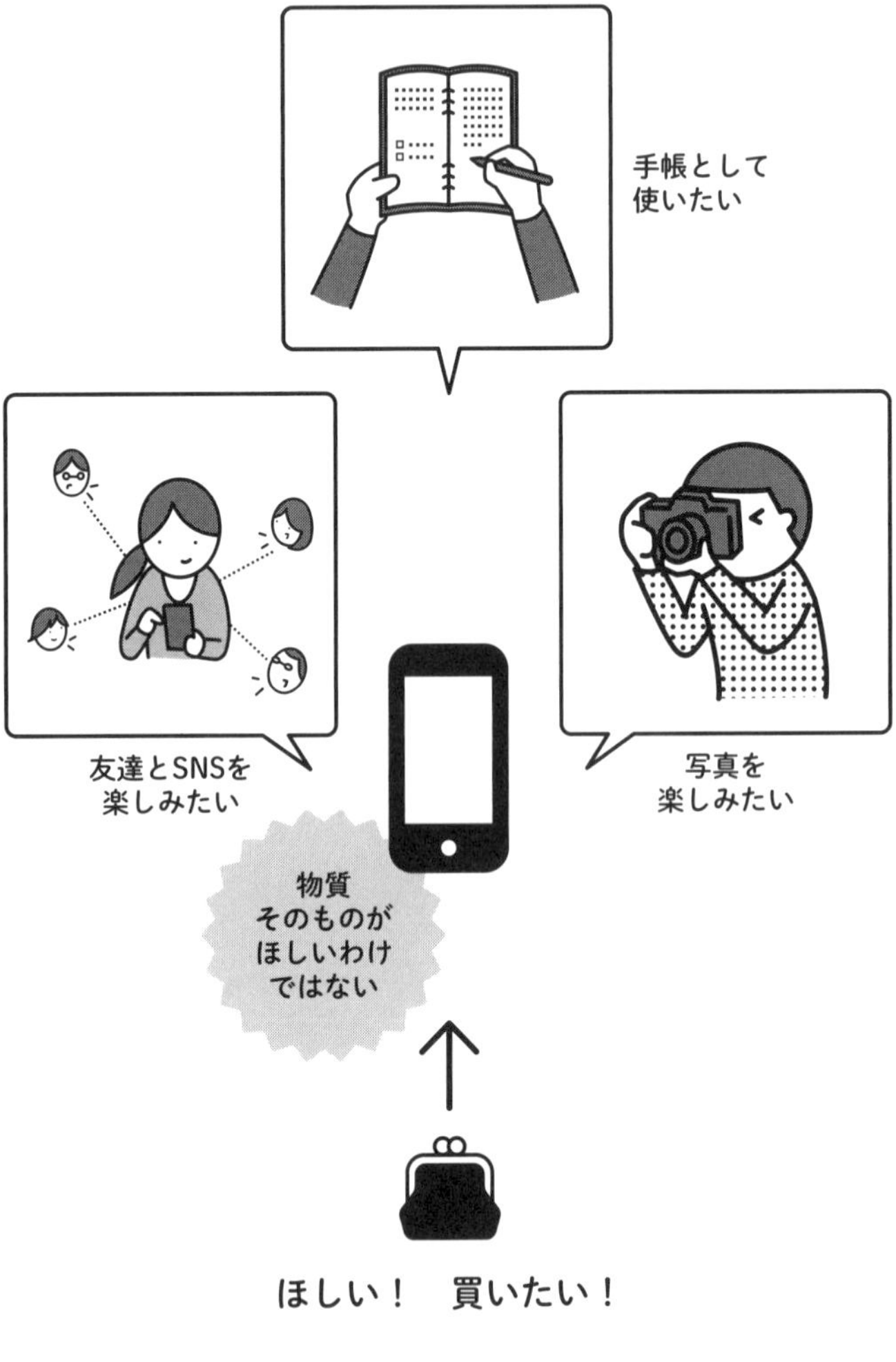

「質が良ければ売れるはず」は大間違い

商品が売れない時代です。一生懸命に考え、一生懸命に企画開発した商品でも、発売してみるとさっぱり売れない。そういう経験をされた方も多いのではないでしょうか？

その原因の一つに、「質を上げれば売れる」という思い込み、もっと言えば「質さえ良ければ売れる」という思い込みがあるからではないでしょうか？

もちろん、質が悪すぎる商品は売れないでしょう。「質」は大切です。しかしその「質」は、お客さんに評価してもらえる質でなければいけません。

多くの企業が、自分たち目線で「質」「これがいい」「この条件を満たせばＯＫ」と、意識的にせよ、無意識的にせよ考えています。また、それ以前に「とにかく一生懸命作れば消費者に評価される」と考えているふしがあると思います。技術的に優れたものを作っていれば、必ず消費者に支持される。買ってもらえる、という考え方です。

かつては、いいモノさえ作っていれば売れた時代もありました。しかし、今は違います。洗濯機や冷蔵庫がなかった時代に洗濯機、冷蔵庫を売り出せば、飛ぶように売れます。「洗濯機です」「冷蔵庫です」と言うだけで、「それがほしかった！」と買ってもらえたわけです。

消費者は、日常生活のあらゆる場面で商品を求めていたので、単純に新しい商品を提供すれば、それがすなわち「消費者がほしいもの」になっていたのです。

かつては、

「毎日の洗濯が大変！」↓「洗濯機がありますよ」↓「ほしい！」
「食品の保存ができない！」↓「冷蔵庫がありますよ」↓「ほしい！」

という単純な図式でした。商品の機能自体が強烈に「買う理由」を持っていたのです。

でも今は違いますね。現在、日常生活のあらゆるモノは周囲にあふれています。みなさん自身もそうなのではないでしょうか。もう、日常生活自体に不便を感じることはほとんどありません。

多くの場合、消費者は「(お店に並んでいる)その商品を買う意味」がわからずにいます。なぜこの商品を買わなければいけないのか、**その商品が自分にどういう「いいこと」をくれるのか**、それを理解できずにいます。

商品の価値をどう伝えるか?

商品の価値は黙っていて伝わるものではありません。一生懸命、伝えなければわかってもらえない時代です。

ただし、「一生懸命伝える」とは、「必死になって、声を大にして伝える」「たくさん広告を出す」ということではありません。消費者は自分の関心があるものにしか耳を傾けません。どれだけの音量で、どれだけの頻度で投げかけても、興味を持たない内容は、右耳から左耳に抜けてしまうだけです。


また、「見せ方を考えろ」とよく言われます。自分の商品やサービスを違ったふうに見せて、顧客の注目を集めろということです。意図としてはわかりますが、この「見せ方」という言葉について、少し立ち止まって考えなければいけません。

「見せ方を考える」とは、その商品を顧客にどう見せるかを考えるということですね。たしかに、まったく考えずに伝えるよりはいいでしょう。

ただし大切なのは、見せ方ではなく「**見え方**」です。自分が相手にどう見せるかを考えるより、相手から自分がどう「**見え**」ているかを考える方がよっぽど重要だからです。

この話を、異業種交流会での〝セルフプロデュース〟に置き換えて考えてみましょう。以前、ぼくの友人が「自分を『優秀な人材』に見せよう」と、いろいろ着飾ったり、優秀な人のように振る舞おうとしていました。

彼は「優秀な人材は、胸ポケットに花を挿したりするから、オレもそうする」「ビールを飲むと安っぽい奴になってしまうから、シャンパンとワインしか飲まない」と言っていました。

ずいぶん偏ったイメージではありますが、それ以前に、彼が考えているのは「見せ方」のことなんですよね。つまり、自分の感覚でしか考えていなくて、それが周りの人たちにどう「見え」ているかまで考えられていないわけです。

「見せ方」は自分視点です。一方、**「見え方」は相手視点の考え方**です。この視点に立とうとすることが、何よりも大事なのです。

商品も同じです。

「自分が商品を相手にどう見せたいか」よりも、「**相手にその商品が、どう見えているか**」

の方がよっぽど大事です。考えなければいけないのは、「見せ方」ではなく、相手からの「見え方」なのです。

「一生懸命に伝える」とは、相手からの「見え方」を考え、相手がほしくなるような「見え方」に整えることです。そして、どうすればそうなるかを一生懸命に考えることです。

あなたの周りにある「売り込み（広告・商品の売り込み）」を見てください。今、あなたがどこでこの本を読んでくれているかはわかりませんが、何かしらの「売り込み」が近くにあると思います。それらを見てください。

消費者からの見え方を気にしていない安易な広告や宣伝が多くないですか？　それらの売り込みを見て、買いたいと思いましたか？

多くの場合、「Ｎｏ」だと思います。せっかく企業が一生懸命に作った商品でも、その良さや価値が伝わっていません。

これは、モノを売っているから悪いということではありません。

最近、「モノではなく、体験を売らなければいけない」と言われることがあります。モノ消費と対比して、「現代は〝コト消費〟」と言われたりもしています。たしかにこの方が時流に合っている感じがします。ですが、売っているものが、「物体でなければいい」「体験を売ればＯＫ」と、短絡的に考えてはいけません。

たとえば、「千本ノック体験（千本ノックを受ける体験）」が売られていたとしても、誰も買わないでしょう。たしかにモノではなく体験ですが、それは「はしくない体験」です。

この千本ノックの体験の中に、何か別の哲学的・人生的教えがあれば別かもしれませんが、単なる千本ノックを、お金を払って体験する人はおそらくいません。

体験を売ればいいということではないんです。

当たり前ですが、それは「**求められる体験**」「**みんなが望んでいる**（したいと思っている）**体験**」でなければいけません。

売れるコンテンツには法則がある

たとえば、オウンドメディアや自分のブログに人を集めるためには、どんな記事を書けばいいのでしょうか？　ひと言で答えるなら、**読者が求めるコンテンツを書けばいい**、ということになります。

自分の講演会やセミナーにたくさんお客さんに来てもらうためには、来場者が聞きたくなるような「コンテンツ」を話せばいい、ということになります。

売れる商品を企画する時に、最初に考えなければいけないことは、その素材や材料、キャッチコピーではなく、**消費者が求める「コンテンツ」を組み込めるかです**。

考えてみたら当たり前かもしれません。問題は、どうすればその「相手が求めているコンテンツ」を見極められるか、ですね。

まず自覚しなければいけないのは、「自分が提供したいもの」が必ずしも「相手がほしいもの」にはならない、ということです。失敗するケースの多くが、自分が伝えたい、自分が提供したい、という視点が強すぎます。あまりにも自分の思いが強すぎて、押し売りになってしまうわけです。こうなると、相手が求めているコンテンツにはなりませんね。

同時に、いくら大切なことでも、本質的すぎてまだ相手が必要性に気づいていない内容は相手に興味を持ってもらえません。

たとえば、20代の男女に向けて「老後も長く健康でいられるように、今から体力をつけておいた方がいいですよ」と健康プログラムを提案しても、おそらく興味を持ってくれないでしょう。

雑談として話は聞いてもらえるかもしれませんが、真剣に考えてくれる人はかなり少数派だと思います。

病気の予防についても同じようなことが言えます。大きな病気になった時、これまでの自分の不摂生を反省したり、もっと自分を大切にするべきだったと後悔したりする人は大勢います。みんな健康でいたいと願っていて、実際に大きな病気にかかった時には、かなりのお金を払ってその病気を治してもらおうとします。みんな病気になりたくないと考え、「病気にならない身体をつくる」というテーマにも関心を持っています。

ですが、多くの人が健康を真剣に考えるのは「病気になったあと」です。

「予防医療」という考え方があります。病気になってから対処するのではなく、病気にならないように日々ケアをしておこうということです。これはとても大切な考え方だと思います。特に医療費に多額のお金がかかっている日本では、日本国民が病気にならないようにすることが国家財政の救いの手でもあるんですね。

でも、ぼくらは「病気になる前のケア」にお金を払いません。自分を振り返って考えてみたらすぐにわかると思います。ここ1年といわず、ここ数年、場合によっては生まれてからを振り返って考えてみて、「病気にならないようにする」ことを純粋に目的にしてかけたお金はいくらありましたか？　ダイエット目的や「ゴルフをやっていれば健康にもいいかもしれない」という後づけの理屈ではなく、純粋に病気を防ぐためにいくら使いましたか？

おそらく多くの人は、1円も使っていないでしょうし、お金をかけたとしても、たまにサプリメントを買うとか、健康にいい食事をするとか、その程度かと思います。

単に自分が伝えたいことを提供しても、求められるコンテンツにはなりません。さらには、**本質的に大切なことを提供すればいいというわけでもありません。**人を惹きつけるコンテンツにするためには、別の要素が必要なのです。

作家、出版社経営、リクルート社のビジネス設計理論から学んだコンテンツの作り方

ぼくは長年、出版業界で仕事をしています。作家としては20年間活動しており、これまでに出版した本は約50冊、すでに累計150万部を超えています。また同時に、出版社の

経営者として12年間、「書籍」という体裁を通じて「売れる商品・売れない商品」を見てきました。

20年、出版業界に携わるなかで、とても重要なことに気がつきました。それは「**人々の興味を惹くものには共通点がある**」ということです。そして同時に、「**興味を惹けないものには、傾向がある**」ということです。

出版社を経営していると、多くの出版企画が送られてきます。ただ、率直に言って、そのうちのほとんどは箸にも棒にも掛かりません。内容を吟味してNGと判断するというより、見た瞬間NGなものがほとんどです。

なぜ内容を読む前からNGであることがわかるのか？　それは、そこに書かれている内容が「**人の興味を惹く条件**」を満たしていないからです。

出版業界で編集作業に携わっている人は、この感覚をみんな持っています。ほとんどの編集者が、出版の企画書を見た瞬間、いいか悪いか（それが人の興味を惹くかどうか）を判断できます。ぼくは出版業界で、その感覚を身につけました。

ぼくが本格的に出版事業に携わったのは、サイバーエージェント社で出版社の子会社を立ち上げた時でした。２００４年8月、アメブロのおもしろいブログを書籍化する出版社（アメーバブックス）を立ち上げました。

アメブロで圧倒的な人気があった『実録鬼嫁日記』を書籍化して出版すると、瞬く間に大ベストセラーになりました。フジテレビで連続ドラマにもなり、週刊誌でマンガ化もされました。

『実録鬼嫁日記』は、〝鬼嫁〟な奥さんを持つ旦那さんの日常を描いたコメディ日記で、多くの人から共感を得ました（笑）。

この他にも、お役立ち情報が書かれたブログをまとめて書籍化したり、株式トレードの方法やビジネスのやり方が書いてある人気ブログを書籍にして出版したりしました。

当時、「ネット（ブログ）とリアル（書籍）は違う」と言われていましたが、ぼくの中では「ネットでもリアルでも求められるものは、求められる」という感覚を強く持っていました。

もちろん、インターネットと紙では、それぞれに「合ったもの」があります。でも、みんながほしいと思うものは、どんな形式でも共通しているなと強く感じたのです。ただし、当時は、消費者が「ほしいと思うもの」が何なのかまでは明確に捉えられていませんでした。アメブロのランキング情報などを参考にすることができたので、人気コンテンツを探すことはそれほど難しいことではありませんでした。そしてそれを編集して本にすればよかった。この時「ネットで人気のものが、書籍にしても売れる」ということはわかりましたが、じつは、それが何かまでは言語化できなかったのです。

それを言語化できるようになったのは、リクルート社での経験を通じてでした。リクルート社で、その感覚を言葉にするヒントを学んだのです。

リクルート社はビジネス会社です。リクナビ、ホットペッパー、ゼクシィ、タウンワークなど、いろんなビジネスを展開しています。リクルート社に勤務していた時、ぼくは新規事業を立案する部署にいました。そこで「いい事業と、悪い事業」、言い方を変えると「人から求められ稼げる事業と、稼げない事業」の差を言葉で表現できるようになりました。

稼げる事業は、人の興味を惹く条件を満たしています。

一方で、稼げない事業は、その条件を部分的にしか満たしていない、もしくはまったく満たしていないのです。

今は、リクルート社で学んだ人を惹きつけるビジネスの作り方に、自分の視点と出版業界のノウハウを混ぜ合わせ、独自のコンテンツ・ビジネス設計理論を作り上げています。

ぼくは今、全部で4つの会社を持っていて、いろんな事業を展開しています。全然種類が違う事業ですが、すべてこの同じ理論で設計しています。書籍を書く時はもちろん、企業研修を作る時、セミナーを企画する時、友人と一緒にプロジェクトを立ち上げる時にも、すべて同じ考え方が使えています。形は違っても、同じなんですね。


そして、その理論をもとに毎年多くのビジネスや書籍のプロデュースを行っています。ぼくの理論は、その人の〝センス〟によらず、誰でも取り入れられるので、ぼくがアドバイスした人は、ぼくと同じように考えることができるようになります。

アドバイスをしてから2日で出版が決まった方、集客数が3倍になった方、売上が半年で倍になった方、みんな同じやり方をしています。商品内容は変わっていません。すでに持っている要素を「魅力的なコンテンツ」にする方法、そして、相手にわかりやすく伝える方法さえわかれば、同じ結果を出すことができます。

では一体、ぼくが出版業界とリクルート社から学んだ「人を惹きつける条件」とは何なのか？　次の章からそれを詳しく説明していきます。

第1章

「売れる」と「売れない」の違いはどこにある？

マーケティングを考える前に、商品が持つコンテンツを考える

似たような商品でも、売れるものと売れないものがあります。その違いは何でしょうか？　ネーミング、パッケージデザイン、流通ルート、広告戦略、認知度などなど、売上に影響を与える要素をあげればきりがありません。

ただ、それを最初に考えるのは、あまりいい作戦とは言えません。話が複雑になりすぎ、本質を見失うからです。何が本当に大事なのか、わからなくなってしまいます。

商品が売れない時に、多くの人はマーケティングを見直します。ですが、仮にマーケティングをベストなものにしても、それで常に問題が解決されるわけではありません。

マーケティングとは、要するに「商品を広めること」です。商品の知名度や販路が広まっ

ていなければ売れませんので、それらを広めることは大事です。しかし、商品は「広めれば必ず売れる」というわけではありません。

考えてみれば当たり前の話ですが、いらない商品を知っても、消費者は買いません。たくさんお店に並んでいたとしても、その商品をほしいと思わなければ、お客さんが買うわけがありません。

その商品の知名度を上げたり、その商品をほしがる人を探しに出かけたりする前に、やるべきことがあります。

それが、**商品が持つコンテンツの魅力を上げることです**。

商品のコンテンツに魅力がなければ、話が始まりません。魅力がない商品をいくら宣伝しても、売れません。テレビCMがバンバン流れていても、そもそもほしくない商品を買うことはありませんね。まずは、その商品を魅力的にする、つまり、その商品に魅力的なコンテンツを持たせなければいけないわけです。

当たり前のことのように感じるかもしれませんね。ですが、消費者としてお店を見渡してみてください。「あ、これほしい！」と思うような商品がどれほどあるでしょうか？スーパーマーケットに行って、日常生活の消耗品を買うことはあるでしょう。でもそれは、「ほしいもの！」ではなく「買わなきゃいけないもの」です。

その他にも「こういうのがほしい！」と思う商品・サービスに最近出会いましたか？多くの方は「買いたいものがない」と感じているのではないでしょうか？

あらゆる企業が、〝消費者のニーズ〟に応えようとして、どんどん新商品を出しています。新商品の企画会議は日常的に行われています。みんな一生懸命考え、「こんどこそは！」と意気込んで新商品を市場に投入します。でも、多くの商品が売れずに終わります。

そして、自分たちが一生懸命作った商品が売れていない状況を見て、次に目を向けるのが「営業とマーケティング」です。認知度が上がれば売れるはず、もっと販路が広まれば売れるはず、もっとオススメすれば売れるはず、と考えて営業とマーケティングを強化しています。

でもこれでうまくいくはずがありません。いくら認知度が上がっても、販路が広がっても、その商品自体が「ほしいもの！」でなければまったく意味がありません。ほしくない商品の認知度が広まっても、「いらない商品」を知っている人が増えるだけです。

その前に商品の魅力を上げることが不可欠、つまり商品が持つコンテンツを磨くことが不可欠なのです。

売れないコンテンツの3つの特徴

商品が売れないのは、その商品が持っているコンテンツに魅力がないからです。しかし、提供者（企業側）が商品を設計する時、魅力がない商品と思いながら設計しているわけではありません。みんな、この商品だったら世の中に受け入れられる、求められると思っています。ですが実際には、多くの商品は魅力的になりません。

なぜでしょうか?

それは、コンテンツの捉え方に問題があるからです。ここから、「多くのプロが陥るワナ」として、なぜプロが考えて企画した商品が消費者に魅力的に映らないかを考えていきます。

プロが陥るワナ 1 スペック・要素を押してしまう

最も多いのは、商品のスペック・要素を押してしまうということです。

「こんないい材料を使っています」「こんな成分が入っています」「ハイスペックです!」などなど、商品の用途を語る前に、原材料・素材や「**性能の良さ**」を語ってしまうのです。

材料の質や性能の良さを語って意味があるのは、そもそもその商品が提供する機能・効能が魅力的であることが前提です。

そもそも消費者が「ほしい！」と思う商品であることが前提で、その内容をより強く感じてもらうために素材や性能の良さをアピールするのであれば、素材をアピールすることは有効です。

軽くて丈夫なカバンがほしい人にとっては、「世界一軽く、世界一丈夫な素材を使っています」というアピールが意味を持ちます。でも、軽くて丈夫なカバンをほしいと思っていない人には、その素材アピールは完全に無意味ですよね。

「タウリン1000mg配合」という商品があります。超有名な栄養ドリンクです。じつは、ぼくはこの商品を愛飲していて、今でもフジテレビの「とくダネ！」に出演する前には、必ずコンビニに寄って買っています。

ぼくは大好きなので、正直なところどんなフレーズで広告されていても買います。ただ、この〝タウリン1000mg押し〟が一般の消費者にどれだけ響いているかは、検証する余地があるかなと思っています。

これだけの認知度がある商品なので、もはやどうでもいい、という意見もあるでしょう。しかし、冷静に考えてみると、「タウリン1000mg」を摂取したくてこの商品を買っている人はいないはずです。それどころか、タウリン1000mgの効能を具体的に知っている人もほとんどいないでしょう。

タウリンをほしい人には、「そのタウリンが1000mgも入っていますよ！」とアピールすることは有効です。しかし、そうでなければ、企業は良さを伝えているつもりでも伝わっていないことになります。

このタウリン1000mgに関して、おもしろい現象が起きています。コンビニやドラッグストアで栄養ドリンク売り場に行ってみてください。数多くのドリンク剤が売られていますが、そこで「タウリン競争」が行われているのです。

みなさんがよく知っている「タウリン1000mg配合」の横に、「タウリン1500mg配合！」「うちは2000mg入っています！」「うちは3000mgです！」という〝ライバル商品〟が並べられています。

もともと、消費者はタウリンを求めて買っているわけではありません。なのに、その量で勝負しようとしているわけです。

もしこの方向性で新商品を考えると、「こんどはさらにタウリンを増量して4000mgの商品を出すか！」という話になります。

このライバルとの競争は、残念ながら消費者を置き去りにしていると言わざるを得ません。消費者を見て、消費者がほしがるものを増やそうとしているのではなく、ライバルを見てライバルよりも「前」に出ようとしているだけです。

ライバルより前に出るのは大事ですが、それは**お客さんが求めている要素**であることが前提です。お客さんが何とも思わないようなことで一番になっても、意味がありません。

プロであればあるほど、他社の存在が目に入り、他社の存在が気になるものです。それは痛いほどよくわかります。でも、もしそのライバルとの競争が消費者の方向を見ていないのであれば、評価されません。その証拠に、「翼をさずける」とうたった商品に、どれも負けてしまいました。

多くの事業者が、一生懸命〝要素〟を打ち出しています。春先、電車の中に並ぶ英会話学校のポスターを見てもそれがわかります。各社とも、一生懸命お客さんに向けて「ウリ」を伝えようとしています。

「うちの学校はこんな特色があります！」
「うちにはこんなサービスもあります！」
「今なら入会金無料です！」

ただ、それを見てもみなさん英会話学校に通いません。なぜでしょうか？　それは、みなさんに刺さっていないからです。彼らは自分たちのサービスの特徴、つまり「自分たちが何を提供するか」を一生懸命に語っています。でも、それではお客さんに届きません。「うちの教室は駅から徒歩3分以内です！」とアピールしても、それは英語とは関係ありません。通いやすさを気にするのは、「英会話学校に通いたいけど、遠いから行けない……」と思っている人だけのはずです。

「うちの講師は全員外国人！」とアピールする英会話学校もありますが、外国人だからといって、講師として優れているとは限りません（ぼくは、初級レベルの人は日本語がわかる講師の方が英語をマスターしやすいと思っています）。外国人講師の方が「なんとなくよさそう」と感じる人もいるとは思いますが、そのうたい文句で申し込む人は、「英会話習いたいけど、日本人から学ぶのはちょっとなぁ」と思っている人だけです。

■主語が「自分」になっている

自分たちが提供する要素や内容を伝えている時、主語はすべて「私」です。「私はこういうことをやる」「私はこんなことを知っている」。でも、お客さんはそんなことに興味はありません。

以前、テレビで「お見合い番組」をやっていました。集団お見合いパーティのような番組で、お互いに惹かれる異性にアピールします。ここである男性が好きな女性に対し、アピールしていたのですが、その時のフレーズがとても印象に残りました。

彼は、「私は、○×大学を卒業して、こういう仕事をしています」「私はこういう趣味があって、週末はこういうことをしていて、好きな食べ物はこれで……」と延々と自分の話をしていたのです。相手の女性の話を聞くのではなく、全部主語が「私」でした。

この段階で、その番組の出演者からは「あぁ、こういうパターンはダメだな」という声が漏れていました。

自分の要素を知ってもらわなければ、相手に気に入ってもらえないと感じていたのでしょう。ひたすら「自己紹介」をしていました。でも、人はそれでは興味を持ってくれません。自己紹介、自分の要素を語るのは大切です。ですが、相手が知りたいのは、「**その要素がある結果として、私がどうなるの？**」ということです。

「私がどうなるの？」がわからなければ、相手の話に興味を持ちません。これは婚活もビジネスも一緒です。相手の立場に立って伝えなければいけません。ただ、これが結構難しいです。相手の立場に立っているつもりで、自分目線から抜けきれないことが非常に多くあります。

商品も同じです。「私はこんな商品です」と一生懸命うたっても、この残念な自己紹介と同じです。

自分の売り物を語る時に、スペック押し、要素押しになってしまうのは、**主語が「自分（自社）の商品」**になっているからです。「うちの商品は、最先端技術を使って作られています」「うちの商品は、材料にこんなものが使われています」など。

主語が自分になっていると、どうしても「自分の話」になってしまい、必然的に自分目線になってしまいます。本当は相手が望む話をしなければいけませんが、自分の話をしてしまうので、相手目線が欠如してしまうのです。

プロが陥るワナ 2 »「こんなことにも使えます」を訴求する

プロが陥るワナの２つ目は、「こんなことにも使えます」という視点です。商品を企画する時、できるだけ多くのお客さんに買ってもらいたいと考えます。それ自体は自然なことですが、ここで対象顧客を無理に広げようとすると、話がおかしいことになります。たとえば、「この商品は、30代の男性が使うものだけど、この機能は、女子高生にも使えるから、それを訴求して女子高生に買ってもらおう」というような考え方がされることがあります。こういう考え方で商品が企画されていることが結構あります。

ぼくが仕事をしている出版業界でも本当によくある話です。ぼくは作家活動をしつつ、出版社を経営しています。編集会議に何回も出て、一緒に本づくりを考えてきましたが、そこでとても不思議な会話がされるのです。

たとえば、男性向けに作った本でも、「2章の話は女性にも響く内容だから、女性にも読んでもらえるようにしよう」と編集会議で話されることは珍しくありません。出版業界では「すそ野を広げたい」という言い回しで「他にも買ってくれる人を探そう」と考えますが、この発想はかなり危ないです。

作っている本人は、「こんなことにも使える」「あの人たちにも役立つ」と思っていますが、それは作り手が勝手に考えていることです。「こんなことにも使える」とは、「それはメインの使い方じゃないけど、いろいろ考えたらそういう工夫もできる」という意味ですね。

お客さんからすれば、「あなたががんばって工夫をしたら、そういう使い方もできるかもしれません」「本当はあなた向けじゃないけど、部分的にあなたにも使えるから買って」と言われているようなものなのです。

自分がお客さんだったら、そんな商品買いますか？　絶対に買いませんよね。部分的にしか使えない商品なんか買わず、全部を使える商品を買うに決まっています。

提供者は「こんなことにも使えて便利」というつもりでリストアップしていますが、消費者からすれば「特にいらないもの」です。

つまり、企業・消費者のお互いにとって「ないよりはあった方がいいもの」なんですね。「これがないのと、あるのとではどちらがいいですか？」と聞かれたら、消費者は「あった方がいい」と答えます。たしかに「あった方がいい」要素ではあるかもしれません。

ですが、「では、その要素があるので、買ってください」と迫られたら、多くの人が「いえ、いらないです」と答えるでしょう。「ないよりはある方がいい」というのは、「**なくてもいい**」、つまり「**買わない**」ということなのです。

以前、パソコンを買いに家電量販店に行きました。そこで、各メーカーのパソコンを前に〝ウリ文句〟を店員さんから聞いていました。

「このパソコンは、動画の編集がサクサクできるのがウリです」

「このパソコンのウリは、デザインです」

「この会社は、サポートセンターの営業時間が長いです」

などいろんな〝ウリ文句〟を聞きました。たしかに、「映像の編集がサクサクできるのと、そうでないのとでは、どちらがいいでしょうか?」と聞かれたら、「サクサクできる方がいい」と答えます。「デザインがカッコいい方がいい」「サポートセンターの営業時間が長い方がいい」と答えます。

でも、だからといって、それを決め手として買いはしないのです。

■いくつ並べても決め手にならないポイント

これは柔道の〝**有効ポイント**〟に似ています。柔道では、きれいに投げると〝一本勝ち〟します。少し形が崩れると〝技あり〟で、その〝技あり〟を二つ取ると〝合わせ技一本〟になり、試合が終わります。つまり、決定打になるわけです。

ですが、〝技あり〟より下の〝有効〟は違います。〝有効〟は何個ポイントをとっても技ありには昇格せず、試合が終わらないのです。「決め手」にならないのです。

勝負が判定に持ち込まれた場合、有効ポイントの数で勝敗が決まります。「どちらか選べと言われたら、ポイントが多い方を選ぶ」ということです。でもそれだけでは勝敗が決まらない、決定打にはならないのです。

ふと振り返ってみると、この「ないよりは、あった方がいいもの」を並べている商品がたくさん目につきます。こんなことにも使えます、こんな便利な使い方もできますとうたっていますが、そもそもそれは「**必要不可欠ではない**」のです。
これではお客さんに買ってもらうことはできませんね。

プロが陥るワナ 3 ≫ ニーズ・ウォンツを考えてしまう

マーケティングを勉強されている方は、「消費者のニーズやウォンツに応えることが、売れる商品をつくるポイント」というフレーズを耳にしたことがあるでしょう。ですが、その「ニーズ」や「ウォンツ」という言葉で考えると、間違った方向に行ってしまいがちで、注意が必要です。

というよりぼくは、そのニーズやウォンツを追っかけているので、売れない商品になってしまう、と考えています。

消費者のニーズやウォンツを満たせば、相手がほしがるものを提供できるという発想は、かつては有効だったと思います。ですが、今では少し修正が必要な捉え方です。

たしかに相手のニーズ（必要性）やウォンツ（欲求）を叶えようとする発想は大切で、少なくとも自分目線で「この商品は素晴らしいスペックです」と語るよりはいいでしょう。ただ注意が必要なのは、ニーズやウォンツに意味があるのは、**そのニーズ・ウォンツが未解決の場合に限る**、ということです。

たとえば、「空腹を満たしたい」というニーズがあります。このニーズは人間であれば全員持っていますね。日本人約1億3000万の「空腹を満たしたいニーズ」が毎日、しかも1日何回かあるわけです。膨大なニーズです。

では、ここに膨大なニーズがあるので、ぼくはこのニーズを満たすレストランを開業しようと考えました。……では果たして、ぼくのレストランビジネスは成功するでしょうか？

成功する可能性は低いです。みなさんもそう感じたのではないでしょうか？

たしかに、ニーズは膨大にあります。しかし、**そのニーズに応えている人がすでにたくさんいます**。お腹がすいたら、すぐそこにレストランがあります。ファーストフードがあります。コンビニでおにぎりやパンを買うのでも、そのニーズは満たせます。

つまり、「何か食べたい」というニーズに応えようと、すでに多くの企業や提供者が待機しているわけです。

ニーズは存在しますが、ニーズはあっても、**それをすぐに満たせる手段を相手が持っているわけですね**。そうしたら、お客さんはあなたのところには来ません。一生懸命ニーズを満たそうと頑張っても、あなたはスルーされてしまうのです。


同じように「ウォンツ」を満たすことを考えることもあまり有効な策ではありません。「ウォンツ」は「ニーズ」よりも少し贅沢な欲求で「(必要不可欠じゃないけど) こんなことができたらいいなぁ」という具合の感情です。

食べ物を食べるというニーズに関連させて表現すると、「(せっかくだったら) おいしいものを食べたい」というのがウォンツですね。おいしいものでなかったとしても、食べられればニーズは満たされます。そしてそれで事足ります。ウォンツを満たさなくても死ぬことはありません。ウォンツは「**満たされなくても、特に問題ない欲求**」なんですね。

モノ余りの時代には、最低限のニーズは満たされきっているので、その上にある少し贅沢なウォンツを満たさなければお客さんに相手にされない。それが「ウォンツを満たせ」の考え方です。でも、それはあまりにも不安定で、提供者からしたら危ない欲求です。

かつて、こんなことがありました。知人がイタリアンレストランを開業したのです。彼は自宅の近くで開業したのですが、その理由は「このあたりにイタリアンレストランがないから」でした。つまり、このエリアの人が、「家の近くでイタリアンを食べたい」と思った時に来てくれるだろうと考えたわけですが、それは非常に限定的な「ウォンツ」です。食事をしたいと思うのはニーズですが、「せっかくだったらイタリアンにしたい」というのはウォンツです。さらに、「できれば家の近くで」というのもウォンツです。「同業種が近くにないから、自分のところに来てくれるだろう」と考えたわけですが、それは拙速だったと言わざるを得ません。お客さんは「近いからそのお店に食べに行く」わけではなく、「食べたいから行く」のです（近い方が足を運びやすくはなるかもしれませんが、「近い」だけで行くことはありませんね）。

つまり、このあたりにイタリアンレストランがないからお客さんが来てくれるだろう、と考えるのは、

「食事をしたいと思っている人」

かつ、「せっかくだったらイタリアンを食べたいと思っている人」

かつ、「できれば家の近くで、と考えている人」

なのです。

これらの条件をすべて持っている人でなければ、来てもらえないわけです。そう考えると、このレストランにお客さんが集まらないのは、自然なことなのです。

多くのニーズ・ウォンツは
すぐに解決されてしまう

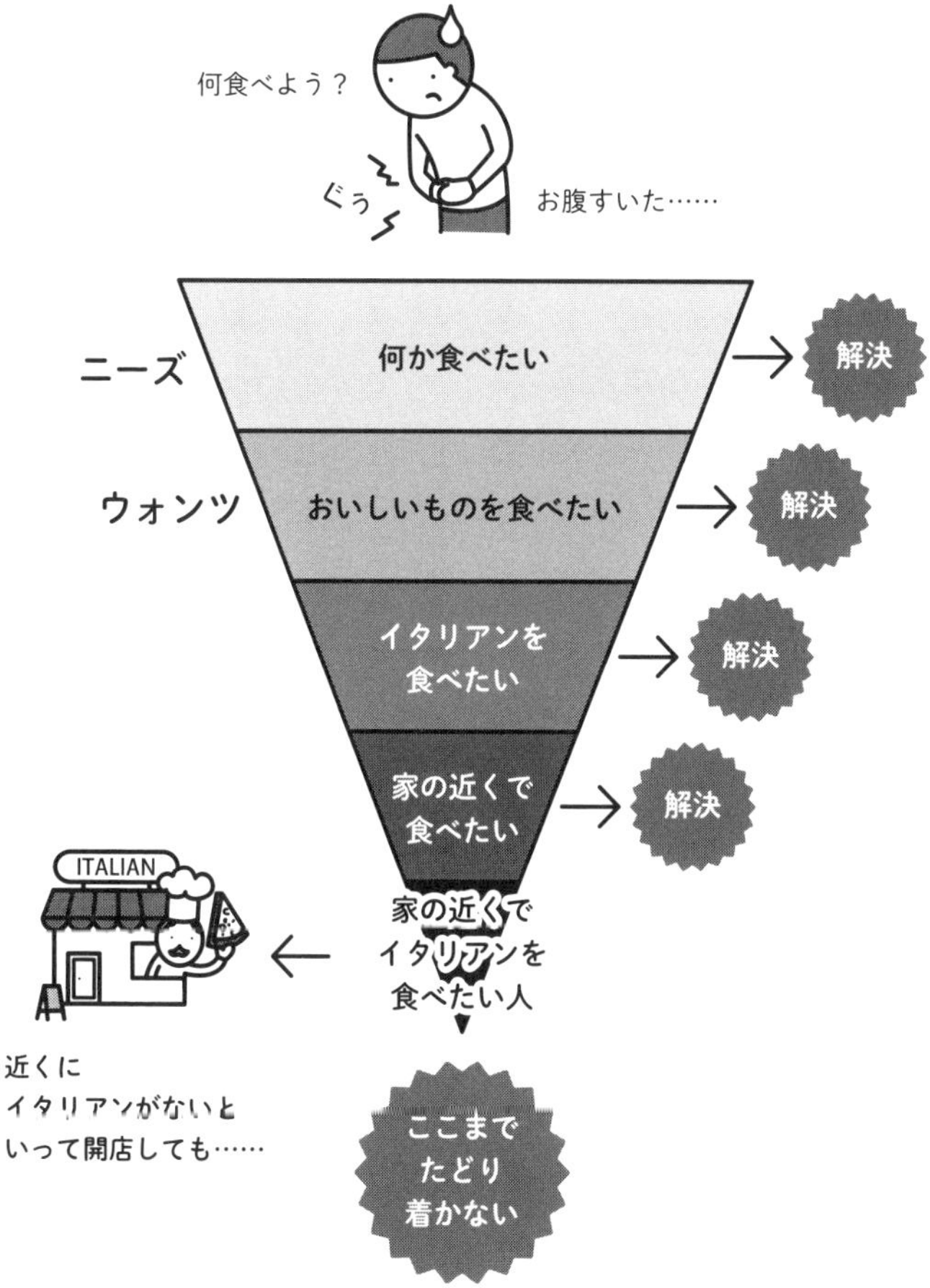

そもそも自分だったら、「自分」からそれを買いたいか？

ここまで、商品が持つ「コンテンツ」が魅力的にならない理由をお伝えしてきました。これらを避け、売れるコンテンツに仕上げることで、商品が売れていきます。

ただその前に、もっともっと簡単に自分のコンテンツが有望かどうかの判断をする方法をお伝えします。とても簡単な視点で、難しいことはありません。

その視点とは「**自分だったら、買うか**」です。

ビジネスでは「お客様視点に立て」と言われます。耳にタコができるほどの人もいるでしょう。そしてそのために、相手の属性を細かく調査したり、ユーザーアンケートを取ったりしています。

それはそれで必要なことかもしれません。でも、もっと身近な消費者を忘れてはいませんか？　もっと身近で、もっと知っている消費者がいます。その人に聞けば、わざわざ難しい分析をしなくても済みます。

その身近な存在とは、「**自分**」です。

ほとんどの企業は、「自分だったらその商品を買うかどうか」を考えずに商売をしているように見えます。というより、「**自分は買わないけど、お客さんに売り込んでいる**」という人が多いのではないでしょうか？

ビジネスはビジネス、プライベートはプライベートで分けているからかもしれません。消費者という自分のプライベートの感情をすべて抜きにして考えて、商売をしています。

「もともと、自分はうちの商品のターゲットじゃないから」と考える人もいるでしょう。

もちろん、イチ消費者として絶対買わないものはあると思います。工場の設備や、化学薬品、超マニアックな商品は「消費者」としては縁を感じづらいものです。

しかしだとしても、考えなければいけません。「お客様視点に立て」というのは、本来「**自分がお客さんだったらどう考えるか、自分に聞け**」ということだと思うのです。自分は自分、お客さんはお客さんとして考えていては、いくらその立場からお客さんのことを考えても、自分の視点から抜けきることはできません。自分がピンクのサングラスをかけていたら世の中すべてがピンクに見えるのと同じように、「自分」から見ていたら相手の感覚がわかるはずがないのです。

自分がその商品のターゲットでなかったとしても、「もし自分が相手のビジネスをやっていたらその商品を買うかどうか」はわかります。

ぼくは富士フイルム社に勤務していた時、「デジカメ画像を写真注文する機械」を担当していました。デジカメの画像を1コマずつ選んで、写真に焼く注文をする機械です。写真屋さんの店頭に置いてあります。

今では、多くの店舗で見かけるようになったこの機械ですが、ぼくが担当していた2001年や2002年には、「ほとんど売れない機械」でした。毎月の販売目標が何十台と設定されているのに、たった2台しか売れない月もありました。「時代を先取りしている商品だから仕方がない」と慰めてくれる同期もいましたが、この時の一番大きな問題点は、ぼく自身にありました。ぼくには「もし自分が写真屋さんだったら、この機械を買うか？　買わないとしたら、どうすれば買うか？」という視点がまったくありませんでした。

そして、「買ってくれそうな顧客像」を一生懸命に考えていました。売上規模はこれくらいの写真店で、1日の客数はこれくらいで、デジタルに注目している店舗など、いろいろな「ターゲット属性」を考えたものです。でもいくら考えても、状況は何も変わりません。

今から考えてみれば当たり前です。「こういうお店に売り込もう」「こういうお店だったら買ってくれる」というのは、**自分で勝手に作り上げたストーリー**です。

厳しい言い方をすると、「こんなお店が買ってくれたらいいな」という単なる自分の願望にすぎないのです。単なる「願望」で売り込んでもビジネスがうまくいくはずがありません。

自分が買わない商品を一生懸命相手に売ろうとしているのが多くのビジネスパーソンです。難しいことは考えなくても構いません。

消費者を知ろうとする前に、まず「**自分がお客さんだったらどう判断するか？　自分に何を期待するか？**」を考えてみます。そして、「**自分だったらこれがあれば買うよな**」「**この内容でこの値段だったら即買い**」という商品にするのです。それが〝最初の一歩〟です。

自分が買うかどうかには、もちろん価格も含まれます。とてもいいコンテンツだったとしても、それが高額だったら買うことができませんし、お客さんはいつも「この内容でこの値段だったら買う・買わない」という判断をしています。値段ありきで考えなければいけません。

即決価格はいくら？

ここで考えておくと便利なのが「**即決で買う価格**」です。自分の商品・サービスを自分で買うとしたら、いくらだったら即決で買うかを考えます。

「即決で買う」というのは、内容を知ったらすぐに買う決断をする、ということです。あなたが扱う商品の値段が「即決価格」だった場合、営業は不要になります。あなたは商品の内容を紹介・説明するだけでよく、そこで相手にくどくどと説明する必要もなければ、交渉する必要もなくなります。

反対に、即決で買わない価格を提示すると、そこから「**営業（説得）**」が始まります。

対面の営業に時間をかけられる場合は、説得し続けて買ってもらうこともあるとは思います。ですが、あまり営業効率は良くなさそうですね。不動産やプライベートジェットのように、ひとりひとり対面で営業をするようなタイプのビジネスであれば「説得の営業」が必要かもしれませんが、それなりに数が生産できて、不特定多数に買ってもらう商品の場合は、「即決」で買ってもらった方が、営業コストが少なくて済みます。

必ずしもこの「即決価格」で売らなければいけない、ということではありません。即決で買ってもらえる価格をイメージしておけば、値づけが格段にしやすくなります。また、いくらだったら自分が「即決」で買うかを、自分自身で考えておくことはとても有効です。この即決価格を考えることで、「自分都合の〝売りたい価格〟」ではなく、「**相手視点を考慮した〝売れる価格〟**」をイメージづけることができます。

もし今の商品価格を変えられないとしたら、「追加でどんな価値をつければ買ってくれるか?」もわかってきます。

「この値段で即決するためには、サポートを充実させないといけないな」

「自分だったら、さらにこんなことをしてもらいたいと思うだろうな」

「あと1万円安くして、このサービスをつけたらＯＫだな」

という感覚を持つことができます。それが「お客様の立場になる」ということです。

一度、ご自身の商品・サービスを振り返ってみてください。自腹で、その価格で買いますか？　もし買わないとしたら、どんなことを追加してくれたら、もしくは値段をいくら下げてくれたら買いますか？

売れるコンテンツの４つの特徴

ここからは逆に「売れるコンテンツ」とは何なのか、売れるコンテンツにはどういう要素があるのかを具体的に解説していきます。

売れるコンテンツとは、「あ、これおもしろそう！」「こんなのがほしかった！」と言ってもらえるコンテンツです。それはみなさんに同意していただけると思います。

ですが、これだけではあまり意味がありません。大事なのは、「おもしろそう」「ほしかった」が、どんな要素で構成されているかを知ることです。

どういう要素を満たせば「おもしろそう」と思ってもらえるのか、「こんなのがほしかった」と思ってもらえるのか、です。それがわからなければいけませんね。「おもしろいと言ってもらえる商品を企画しなさい」と上から指示をしても、どう考えればそれが達成されるのかがわからなければ意味がないです。

ぼくは、長い間、本を作ってきました。本はそのまま〝コンテンツ〟です。売れる本と売れない本の違いを数多く分析することで、その〝おもしろそう〟の要素を見つけることができました。

それが次の4つです。

コンテンツが〝おもしろそう〟〝それほしい！〟と言ってもらえるようになるには、4

つの要素が必要です。

①
ベネフィット

②
資格

③
目新しさ

④
納得感

商品は、お客さんにお金を出して買ってもらうものです。そのために前提となるのが「**①ベネフィット**」「**②資格**」です。これが前提です。この二つがなければ、お金をもらう商品・サービスとして成立しません。

そしてその上で、より魅力的、よりおもしろい、より「それほしい！」と思ってもらえるようになるために「**③目新しさ**」と「**④納得感**」が必要なのです。

これらは、ぼくが出版社の経営者として、著者として20年試行錯誤してきた結果、たどり着いた要素です。それぞれについてこれから詳しく解説していきます。

第2章

売れるコンテンツの4つの特徴

売り物を考える時に欠かせない要素が、前章の最後にあげた4つです。
①ベネフィット、②資格、③目新しさ、④納得感
これらがいかに重要かを実感していただくために、まず次のポスターをご覧ください。

① ベネフィット

A

3か月で
マイナス10キロを
目指す!
ぽっちゃりお腹を
バッキバキに!

きれいなスタジオと
多彩なプログラム。
最新のトレーニングマシンも
完備!

B

自分(自分の商品)が主語になっている

②

資格

A

「トレーナー歴：
15年」
3か月で
マイナス10キロを
目指す！
ぽっちゃりお腹を
バッキバキに！

B

3か月で
マイナス10キロを
目指す！
ぽっちゃりお腹を
バッキバキに！

自分が達成していないゴールを掲げている

③ 目新しさ

A

3か月で
マイナス10キロを
目指す!
ぽっちゃりお腹を
バッキバキに!
アメリカ生まれの
最先端
ダイエット法

B

3か月で
マイナス10キロを
目指す!
ぽっちゃりお腹を
バッキバキに!
やっぱり
運動と食事が
大切です!

手法が当たり前すぎる

④

納得感

A

3か月で
マイナス
10キロを目指す!
ぽっちゃりお腹を
バッキバキに!
肉はどれだけ食べてもいい。
その代わりご飯を減らしましょう!

B

3か月で
マイナス
10キロを目指す!
ぽっちゃりお腹を
バッキバキに!
衝撃!
暴飲暴食が
ダイエットのコツだった!?

暴飲暴食がダイエットのコツ…?
そんなわけないでしょ

これらのポスターのうち、いずれも「Aパターン」は「なるほど、よさそう」と感じると思います。一方でBパターンは、イマイチ説得力に欠けるというか、良さを感じにくいです。

なぜなのでしょうか？　それは、Bパターンのポスターには、それぞれ4つの要素が欠けているからです。①のポスターでは、「**ベネフィット**」がありません。②では「**資格**」を感じません。③は「**目新しさ**」がなく、④では「**納得感**」がない。だから魅力的に感じないのです。

世の中を見渡すと、この4つの要素がない、もしくは表現できていないために、「一生懸命マーケティングしているのに伝わらない」という状態になっています。

一体どういうことか？　どうすれば、4つの要素を表現できるのか？

この章で、一つずつ具体的に説明していきます。

POINT 1

ベネフィット あなたが望む状態に変えるものとは？

商品・サービスにお金を出してもらうための、**一番の前提条件は「それがベネフィットを持つかどうか」です**。ベネフィットがあるものでなければ、お客さんにお金を払ってもらうことはできません。

このベネフィットという言葉は、日本語で「便益」とか「利便性」と訳されることが多いです。ただ、これでは結局どういうことなのかよくわかりません。なので、ぼくは別の定義をしています。

ぼくの〝ベネフィット〟の定義は、

「Aだった人を、本人が望んでいるBにさせること」です。

Aの状態だった人を、望んでいるBの状態にすることが「ベネフィット」です。つまり、「ベネフィット」とは、変化（A→Bの変化）のことなのです。

そのため、どんなに便利に使えても、いくらデザインが良くても、いくら性能が良くても、その人が望んでいる「B」の状態に連れて行けないのであれば、それはベネフィットを持ちません。

その商品を買ったら、そのサービスを受けたら、その本を読んだら、「今の私が、〝なりたかった私〟になれるかも！」「なりたかった気分になれるかも！」と思えば、そのコンテンツはベネフィットを持ちます。

逆に、いくら質が良くても、いくら安くても、相手が望む変化を提供できなければ、「ベネフィット」はありません。

「**変化こそがベネフィット**」という理解をしているだけで、コンテンツの打ち出し方が大きく変わります。

ここ数年流行っているライザップのテレビCMは、とてもわかりやすくベネフィットを表現していますね。ライザップに通うと、〝ぜい肉たっぷりの身体〟が〝引き締まったい身体〟になるということが一目瞭然です。

CMで明言されているわけではありませんが、「今のあなたが、望んでいる体型を手に入れられます」というメッセージを明確に発信しています。だからあれほどまでに注目を集めているのです。

これがベネフィットです。「Aだったあなたが、(あなたが望んでいる)Bになる」。これが売れるコンテンツに欠かせないメッセージなのです。

先ほど、NG例として「主語が自分になっていると売れない」と紹介しました。多くのスポーツクラブが、「自分」を主語にした広告、ポスターを作っています。「当スポーツクラブはプール完備です！　最新のマシンを導入！　丁寧な接客です！　きれいなスタジオで、駅から近いです！」などなど。スポーツクラブとしての質が問題なのではありません。ベネフィット(相手がどう変化するか)を伝えていないのが問題なのです。

■ベネフィットをつくる〝不〟の発想

先ほど定義したようにベネフィットとは、「Aだった人を、(あなたが望んでいる) Bの状態にすること」です。この変化がポイントです。**変化がなければベネフィットは生まれません。**目に見えない気分的な変化であっても構いません。とにかく「変化」が大事です。

ただし、「こういう変化を提供しますよ」と伝えた時、お客さんから「自分ひとりででできるから、大丈夫です」と言われてしまうこともあります。先ほどの「空腹を満たす」というニーズはその一例ですね。相手が望んでいる変化だったとしても、相手があなたを必要としていなければ、そのコンテンツ(その商品・サービス)は買ってもらえません。

では、どういう時に「あなた」が必要になるのでしょうか?

それは、相手が自分ひとりでは「B」の状態になれない時、つまり、何らかのハードルがあって、「**やりたいけど、できない。でもやりたい**」という時なのです。やりたいけどできないことがあり、「私だったら、それをできるようにしてあげますよ」と言ったとしたら、相手は確実に興味を持ちます。

これこそ、強く求められるコンテンツを作る考え方なのです。

ぼくはこの視点をリクルート社で学びました。

リクルート社では、ビジネスを作る時に、「自分たちに何ができるか」の前に、**「世の中にどういう〝不〟があるか」**を考えます。〝不〟とは、リクルート内で使われている言葉で、不満・不安・不足・不便・不快・不都合などの総称です。

消費者は、どんな不満を抱えているか？
消費者は、どんな不安を抱えて生活しているか？
消費者は、どんな不快な思いをしているか？
どんな不便を感じているか？

「世の中にどんな〝不〟があるか」を考えることが、リクルート社内で事業を考える時の基盤になっています。

たとえば、就活生が会社に応募する時の不便、企業が思うように学生に自社をアピールできない不満を解消したのが「リクナビ」でした。

花嫁さんが「ベストな結婚式場を探せない」という不満、「自分が選んだ式場が一番良かったのかがわからない」という不安を解消しているのが「ゼクシィ」です。

提供者目線で、「もっとこうしたらいい」ではなく、あくまでも相手が「これができていない」「これができなくて不満がたまっている」というポイントをリクルート社が解決しています。だから、リクルート社のビジネスは「いつまでも強い」のです。

リクルート社は何をしている会社なのか?をひと言で表すのは難しいです。リクルート社は○○の会社という定義をすることが難しい会社なんです。「リクルート領域（人材ビジネス、結婚・不動産など）」という言葉はありますが、リクルート社はこういうビジネスをしている会社と表現しづらいです。

富士フイルム社は「写真の会社」、サイバーエージェント社は「インターネットの会社」です。でも、リクルート社はそういう定義には収まりません。リクルート社は「**世の中の**

ベネフィットとは、「AだったあなたがBになる」になること

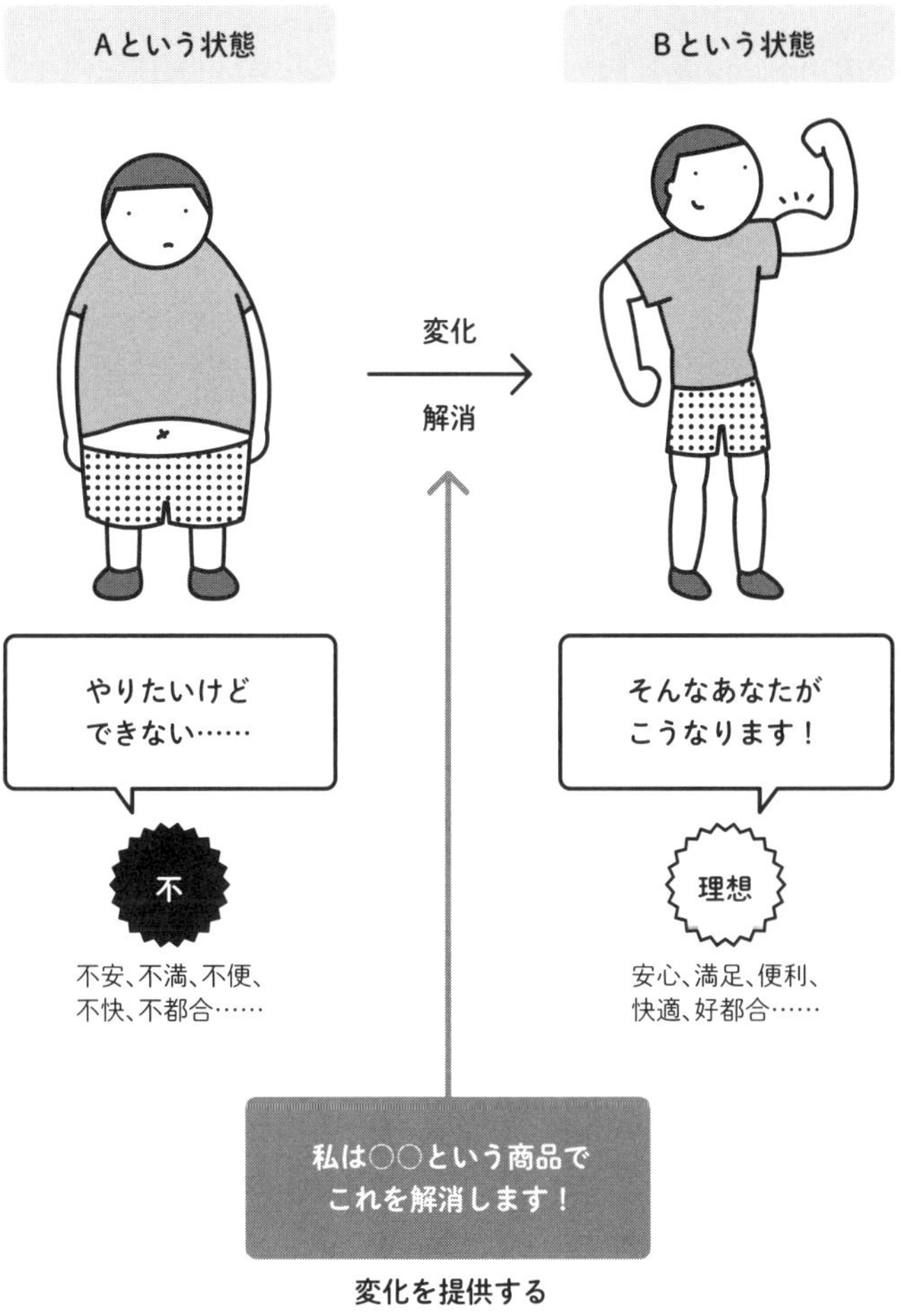

〝不〟を解消する会社

誤解を恐れずに言うと、リクルート社では「自分たちがやりたいこと」、「自分たちができること」は二の次として考えています。だから、何か新しいビジネスを立ち上げる時にも「リクルート社が得意なことを活用して、何かやろう」という発想はあまり出てきません。

もちろん、リクルート社がまったくできなさそうなビジネスプランは検討されないでしょう。でも、リクルート社ができるかどうかよりも、世の中の〝不〟が先に考えられているのは事実です。それがなければビジネスにならないということがリクルート社の考え方なのです。

そして、その〝不〟を解決することで、ベネフィットが生まれます。世の中の不満や不安、不便を解消するということは、**「不満だった人が、満足する」「不安を感じていた人が、感じなくなる」「不便だったものを、便利にする」**という変化を生んでいるということです。これがベネフィットですね。

そして、不満・不安・不便は、誰もが解消してもらいたいと思っているものですから、

〝不〟を解消することは、確実に相手から求められることです。〝不〟を解決することこそが、強いベネフィットを生み、強いコンテンツ、さらには強いビジネスをつくるのです。

「私はこんな技術を持っています」「この商品はこんな素材でできています」「このような商品は世界でこれしかありません」と言う代わりに、リクルート社では「あなたがやりたくてもできなかったことを、リクルート社ができるようにします」と伝えています。この発想こそがリクルート社の強いビジネスを生み出しているのです。

■「売れている商品は、誰かの不を解決している」という視点で見る

この〝不〟の発想から世の中を見ると、**売れている商品がなぜ売れているのか、流行っているサービスがなぜ流行っているのか、がわかるようになります**。また新商品が発表された時、それが成功しそうかどうかもある程度見当がつくようになります。

「世の中で売れているものは、誰かの〝不〟を解決しているから売れている」。そういう目線で世の中を見てみてください。

一世を風靡した商品は、誰かの不を解決しているから売れています。逆に、話題性はあったものの、あまり流行らなかった「アップルウォッチ」がなぜそれほど売れなかったのかもわかります。

たとえば、「フリクション」「写ルンです」「ルンバ」などがなぜ爆発的に売れたか、それがよくわかります。LINEやメルカリのようなサービスが流行するのも、よくわかります。

練習として一つずつ考えてみましょう。

まずは「フリクション」です。フリクションは、いわゆる「消せるボールペン」です。名前を聞いてピンとこない方も、見たことがある、名前を知らずに使っていた、という方は多いのではないでしょうか？

これは2007年に発売されて以来、爆発的に売れていきました。最近では、ボールペンの類だけでなく、太字のアンダーラインを引くようなマーカータイプのペン、それにスタンプまでも発売されています。

このペンがここまで売れているのは、〝不〟を解消しているからです。消費者の不便や不満を解消しているからです。では、どんな不を解消しているでしょうか？

フリクションの機能は、基本的には「消せるボールペン」なので、解消している不もそれほど複雑なものではありません。

通常、ボールペンで書いた字は消せません。ぼくが子どものころ、砂消しゴムという〝やすり〟のような消しゴムがありました。間違えた個所を砂消しゴムで消すと、紙自体を削ることで文字を消すわけです。たしかにこれで文字を消すことはできますが、紙が汚くなってしまうし、薄い紙に使うと破けてしまいます。これではきれいに残しておきたい時に使えません。修正液（修正テープ）も同じですね。消せるけど汚れてしまうのです。

ボールペンで書くと、消せない。消せても汚れてしまう。そんな不満に応えたのがフリクションでした。フリクションが売れているのは、このような消費者の不満・不便を解消したからです。

次に、「写ルンです」を考えてみましょう。

「写ルンです」が発売されて、30年が経ちました。発売されてから、2000年代前半まで、爆発的に売れ続けていました。

ここ数年、大学生を相手に講演をする機会がありますが、今の大学生は「写ルンです」を知りません。「みなさんくらいの世代では『写ルンです』とか知らないですよね」と冗談半分で言いますが、本当に知らないようで、ポカンとした顔をされます。非常にショッキングな事実ですが、これも時代の流れかもしれません。

念のため、「写ルンです」を知らない方向けに説明を加えると、「写ルンです」は、いわゆる「使い捨てカメラ」です。カメラの本体が軽いプラスチックでできていて、中にフィルムが入っており、写真を撮ることができます（本当は、プラスチックの〝カメラ本体部分〟は工場で解体し、再利用しているので、「使い捨て」ではありません）。

この「写ルンです」が売れた理由を考えてみます。「売れた商品は、誰かの何らかの〝不を解消しているから、売れた」と考えてください。「写ルンです」は、誰のどんな不を解消したのでしょうか？　誰の、どんな不便、不満を解決したから売れたのでしょうか？

「写ルンです」は要するにカメラなので、写真を撮るために使います。通常、写真を撮るのにはカメラを使います（現代のように携帯にデジカメはついていませんでしたね）。となると、カメラを持っていなければ写真が撮れません。旅先にカメラを忘れてしまった人や、そもそもカメラが高くて買えない人には、「せっかく写真を撮りたいのに、撮れない」という不（不満・不便）がありました。

その不を観光地の売店やコンビニで売っている「写ルンです」が解消していたのです。その不を解消していたから、売れ続けていました。「写ルンです」の成功の秘訣はネーミングの良さにある！　と主張されることもありますが、それは本質的ではありません。たしかに口コミを生む、とてもいいネーミングだと思います。でも、ネーミングだけで30年も売れ続けることはありません。不を解消しているから売れたのです。

そして、携帯電話にデジカメが搭載され、いつでもどこでも写真が撮れるようになってから、「写ルンです」は売れなくなりました。ネーミングは変わりませんが消費者にその

〝不〟がなくなったから売れなくなったのです。

「ルンバ」に代表される自動お掃除ロボットも売れています。物珍しさで売れたのではありません。たしかに最初は物珍しさでも注目されました。でも、「珍しい」だけではヒット商品にはなりません。

これも誰かの、何かの不を解消したから売れたわけです。では、誰の、どんな不を解消したのでしょうか？

基本的な不満としては、「掃除をしなければいけない面倒くささ」だと思います。でも、ここでは練習のため、もう少し細かく見ていきましょう。

一部の超キレイ好きを除き、「掃除（という行為）をしたくてたまらない！」という方はいないでしょう。部屋をきれいにしたいとは思っていますが、「掃除をしたい！」わけではありませんね。ほとんどの方は、「誰か、自分の代わりに掃除をしてくれないかなぁ」と思っていたわけです。

そして特に、日中自宅にいないひとり暮らしの人、共働き夫婦は、その不をより強く感じています。部屋をきれいにしたいけど、昼間は仕事で掃除ができない。また、せっかくの土日を掃除に費やしたくない。「掃除が面倒」＋「その時間がない」という人がより強い不を感じますね。

ＬＩＮＥが解決しているのは、「伝えたいことをなかなか言葉で表現できない」「言葉にすることが面倒」という不だと思います。

たとえば、会社の先輩に飲みに連れて行ってもらった翌日、「昨日はありがとうございました！」のメールをするとします。ただここで、「ありがとうございました！」だけでは、何とも味気ないメールになってしまいます。何か付け足さなければいけません。でも、なんて書いていいのかわかりません。

そこでスタンプが役立つんです。「ありがとう」を表していそうなスタンプを送れば、それなりにカッコがつきます。言語化する手間が省けるわけです。だからみんなＬＩＮＥを使う。

売れている商品は、どんな「不」を解決しているのか？

商品名	誰の（一例）	どんな不か？
フリクション		「普通のボールペンで書くと、間違えても消せない」という不満、不便さ
写ルンです	カメラを持っていない人	「せっかくだから写真を撮りたいのに、撮れない」という不満
ルンバ	ひとり暮らしの人 共働きの人	「平日の日中に掃除ができず、部屋が汚れてしまう」という不満。 「休日を掃除に時間を取られたくない」という不満
LINE		「自分の感情を言葉にしなければいけない」という不便さ（面倒くささ）
メルカリ	他のオークションサービスを使った人	「出品した商品がなかなか売れない」というフラストレーション（不満、不便さ）

メルカリは、〝不の解決〟という視点で分析すると、「個人間オークションの『なかなか落札されない（売れない）』というフラストレーションを解決したサービス」です。自分の家にあるものを売るだけなら、ずっと前からヤフオク！がありました。

「メルカリはすごく使いやすいから、みんなに使われている」というコメントも聞きますが、それでは本質が見えてきません。使いやすいから使うのではなく、ヤフオク！のような他のサービスで感じる不満を解消したから使われている、のです。

■相手がすでに実感している〝不〟でなければいけない

プロになればなるほど、自分の業界や世の中の細かいところに目が行くようになります。そして、「世の中がもっとこうなればいいのに」「みんなも、もっとこうすればいいのに」というもどかしさにも似た改善プランが頭にわいてきます。

これはこれで自然なことですが、気をつけなければいけないのは、「**専門家であるあな**

たには、一般人とは違う世界が見えている」ということです。

つまり、一般の人がまだ見えていない課題とか、「もっと良くする方法」があなたには見えていて、それを提案している可能性もあるということです。それこそがプロならではの視点かもしれませんが、気をつけないと一般のお客さんを置き去りにしてしまいます。

一般の人が何も気にしていないようなことを「今のうちから対処しておかないといけないんです」と語っても、暑苦しく感じられるだけです。プロから見たらそれが正しい姿かもしれませんが、一般人には「そんなこと、今はどうでもいい」のです。

たとえば、ぼくは最近、料理に興味を持ち始めてド素人ながら自分でいろいろチャレンジするようになりました。ここで調味料についてもっと知りたくなり、少しネットで調べてみました。

きっかけは、ある定食屋さんでお味噌汁に山椒が入っていたことです。

それまで、味噌汁に山椒を入れたことがない、というより、入れようと思ったことすらありませんでした。でも、お味噌汁（特に赤だし）に山椒を入れると、これが本当においいしかった。山椒を少し加えるだけで、味噌汁が一つの〝料理〟になる感じがしました。

そこから、「こういう調味料を入れると、料理の味がガラッと変わる」「この調味料と、この料理は相性がいい」などを知りたくなったのです。そこである時、街中でやっている「スパイス講座」に参加してみることにしました。ぼくは、スパイスや調味料の使い方とか、オススメの組み合わせとかを教えてもらいたくて参加しました。ですが、その「スパイス講座」では、講座申し込みページに書いてあったカリキュラムが無視され、大半の時間が、スパイスの生産地や、栽培方法についての話でした。

講座の途中で「使い方を知りたいのですが……」と講師の先生に伝えると、「有効な使い方を知るには、まずどんなところでどうやって栽培されているかを知らないといけないんです。これを知ったらあとの理解が断然変わりますから」と言われてしまいました。

もしかしたら、この先生の言う通りなのかもしれません。

ですが、ぼくが知りたいのはそんなことではありませんでした。ぼくはただ単に使い方を知りたかった。プロの料理人になるわけではないので、そこまでの深い知識はいりませんし、またその深い知識が必要になった時点で学べばいいことでした。現に、その講座で聞いた内容のほとんどは、すでに忘れてしまいました。

プロや専門家には、「これを知っておいた方がいい」というテーマが見えています。そして相手がやがて「成長」した時には、「もっと早く知っておけばよかった」と、気づくこともあるでしょう。しかしそれは、まだ**「顕在化されていない〝不〟」**なんです。そしてその顕在化されていない不を解決すると言っても、相手は興味を持ってくれないのです。


同じような話で、専門家から見た「正論」も意味がありません。たとえば、「就活生のリクルートスーツ」。社会人からすると、就活生のリクルートスーツほど個性がないものはないでしょう。なぜマニュアルに従うのか、なぜもっと自分を出そうとしないのか、不思議で仕方がありません。

しかしこれも、経験者である社会人から見た「暑苦しい正論」でしかありません。就活生の学生たち本人も、マニュアルに従った画一的なリクルートスーツに疑問を感じている人もいるでしょう。ですが、だからといって「困っている」わけではないのです。

一般的な職種の場合、面接にリクルートスーツを着て行って怒られることはまずありません。スーツに個性を出さなければ内定が取れないということでもありません。社会人が思う「もっとこうした方がいいのに」は、就活生からしたら余計なお世話なんです。

ですから、就活生向けに「自分に合ったスーツを選ぶ方法」を伝えようとしても、興味を示してもらえないでしょう。当人たちは〝不〟を感じていないからです。

相手にしなければいけないのは、当事者がすでに意識している〝不〟です。つまり、すでに悩んでいる事柄、やりたいと願っているテーマでなければいけません。「あなたが今、悩んでいることを解決しますよ！　やりたいと思っていることを実現させますよ！」と言わなければ相手は振り向いてくれないのです。

相手がどんな〝不〟を持っているかを探り、見つけていく方法は3章で詳しく説明します。この段階では、まず「相手が現時点で感じている〝不（解決したい課題、実現させたい願望）〟に焦点を合わせる」という考え方を押さえてください。

■再現性が最重要

ベネフィットとは、相手が得る「**変化**」のことです。変化がなければ、いくらいい素材を使っていても、いくらいいスペックでも意味がありません。コンテンツが魅力的になるのはこの変化があるからなんです。

そして、コンテンツを提供する上で大事なのは、そのベネフィットに再現性があることです。

再現性とは、「**あなたも、同じことができる**」ということです。みなさんが提供するベネフィット（A→Bの変化）があります。そして、その変化を得るには何かしらの手順がありますね。その手順に従ったら、相手も同じ変化が得られなければいけません。これが再現性です。

料理のレシピは、基本的に「再現性」があります。そのレシピ通りに調理すれば、みんな同じものができ上がります。その料理のレシピのように、「この商品・サービスを買ったら、あなたでも同じようにできます」と言えなければいけません。「私は、AからBの状態になれました。でも、あなたもそうなれるかどうかはわかりません」では、人を惹きつけるコンテンツになりません。

商品にも取扱説明書がありますね。その取扱説明書の手順通りに操作すれば、みんなその商品を使えます。その商品にお金を払うのは、みんな自分でも使えるからです。つまり自分も「再現」できるからなのです。家電製品の取扱説明書と同じです。説明書に「〇〇のやり方」と書いてあります。そして、その手順通りにボタンを押せば、その通りのことができます。

この手順書は、再現性がなければいけません。誰がやっても同じようにできなければいけないわけです。「センスがいい人がやればできる」「体力がなければいけない」など、操作する側に条件が課される場合、それは再現性がなくなってしまい、商品そのものが成立しなくなります。

もし、お客さんに「あなただから（特別な人だから）できるんでしょ？　私には使いこなせない」と思われてしまえば、あなたのコンテンツは売れなくなります。

たとえば、「焦げつかないフライパン」というフライパンがあったとします。でも、焦げつかないようにするためには、絶妙な温度で焼かなければいけない、油を決まった分量きっちりとひかなければいけない、という条件つきであればそれはもはやフライパンが持っている特性とは言えません。「ある人がやればできるけど、別の人がやったらそうならない」では、いけないんですね。

この誰がやっても、手順を守れば同じことができる「再現性」がとても大切なのです。再現性は、「自分が繰り返しできる」という意味ではありません。「**みんなもできる**」ということが再現性です。

たとえば、野球の長嶋茂雄がヒットの打ち方をレクチャーしていたシーンを思い出してください。ぼくがかつて聞いたのは「ボールがスーッと来たところに、バットをさっと出して、パーンとはじき返す」というような〝指導〟でした。これはとてもミスターっぽい表現で、ぼくは大好きです。ですが、同時にぼくのような素人には「再現」ができない指導法でもあることはすぐにわかります。

ミスター長嶋ほど有名で愛される人になれば、「自分は使えないかもしれないけど、その話を聞きたい」と思う人はいるでしょう。でも、ぼくらはミスターではありません。見ず知らずの人が「自分にしか使えないノウハウ」を売っていても買いませんね。

一部の人にしかわからない伝達方法では、再現性があるとは言えません。前提知識やスキル・センスがなくても同じようなことができる（少なくともできる感覚を持てる）ことが必要で、それがなければ、そのコンテンツ・ノウハウは魅力的に映りません。自分が使えないと知ったら誰も興味を持たなくなりますからね。

たとえば、クックパッド。主婦を中心に多くのユーザーに支持されているサイトですね。料理のレパートリーを増やしたい人、冷蔵庫にある材料で今夜の食事を作りたいけど思い浮かばない人にとっては、相当ベネフィットが大きいサービスだと思います。

このサイトで人気のあるレシピがあります。人気の理由はいろいろあるかもしれませんが、一番ベースにあるのは、「**そのレシピで作ると、誰でもおいしく作れる**」という要素でしょう。プロではない料理人が見て「自分でもできる！」と思われなければ、人気を集められません。

自分も同じベネフィットが得られる、しかも毎回、期待しているベネフィットが得られることが、求められるコンテンツになるために必要不可欠です。

POINT 2

資格 何を言うかより、誰が言うか

お客さんがコンテンツを「おもしろい！　それほしい！」と言ってくれるかどうかは、どんなベネフィットがあるかに大きく依存します。でも、いくらベネフィットがあっても、「やっぱり買わない」と言われてしまうこともあります。

なぜでしょうか？

それは、ベネフィット以外にも「おもしろい」を構成する要素が他にあるからです。ここからそれを説明していきます。

結論から言いますと、それは売れるコンテンツを作るための2つ目の要素「**資格**」です。

「資格」がある人が語ると、提供しているコンテンツをおもしろがってもらえます。でも、資格がない人だったら、何を言っても認めてもらえません。

この「資格」は、弁護士や医者などの国家資格、試験を受けて得られる類の資格ではなく、「**もっともらしさ**」という意味での資格です。つまり、「私だったら、この話をしても自然だよね」「こういう経験をしてきた私が語るんだから、信ぴょう性あるよね」と言えるようなものです。そのような〝もっともらしさ〟です。

「『何を言うか』より、『誰が言うか』が大事」と言われることがあります。同じことを語っても、語る人の信頼度によって響き方が変わるということですね。

ブログを書く時、オウンドメディアを作る時、自社商品を企画する時、どんなコンテンツを提供するかと合わせて、**自分にそれを提供する資格**があるかを考えなければいけません。

たとえば、小太りな人が「ダイエットの方法」を語っても説得力がありません。生活保護を受けている人が「お金持ちになる方法」というブログを書いても、信じてもらえません。ダイエットのノウハウや、お金稼ぎの方法自体はみんなが関心を持つテーマです。でも、当人にそれを語る「資格」がなければ、「いいコンテンツ」とみなしてもらえないのです。

ぼくは出版社を10年以上経営しています。そのため、ぼくの会社にも出版企画がたくさん持ち込まれてきます。ですが、その多くが「最近いいことを知ったので、それを書いてみたい」というようなものです。

以前も、こんなことがありました。「私、株の本を書きたいんです。『株で1億円儲ける方法』みたいな本を書きたいので、木暮さんの出版社から出してください」と言ってきた方がいました。少し話を聞いてみようと思い、「○○さんは、株の取引を何年くらいされているんですか？」と聞きました。彼の答えは「3か月です」でした。ぼくは驚いて、「え!? 3か月で1億円も株で稼いだんですか？」と聞くと、「稼いだのは10万円なんですが、このうまくいったやり方を繰り返せば1億円も稼げますよね。最近、株については結構勉強したので、それを書きたいんです」と言いました。

彼のノウハウがどの程度かは置いておいて、この段階では人からお金をもらえるコンテンツにはなっていません。実際に1億円を稼いでいない人が「1億円を稼げます」と言っても、何の説得力もありません。3か月で10万円を稼ぐ人は山ほどいるでしょう。その程度の知識は、人に教える〝コンテンツ〟にはなりません。

「私はそのことについて知識があります。その本を書けます。そのコンテンツを語れます、提供できます！」とアピールすることは大事ですが、「書けます、知っています」程度では不十分です。

「**私こそがその本を書く資格があります**」と言えなければいけないのです。

この「資格」がなければ、いくらいいベネフィットを提示しても、お客さんは振り向いてくれません。正確に言うと、「その内容に興味はあるけど、あなたからは買わない」と言われてしまうのです。

世の中には、いろんな人がいろんな情報を提供し、いろんな商品やサービスが売り出されています。つまり、あなたの他にも、その〝不〟を解決する方法を教えてくれる人はいて、お客さんは誰の話を聞くか、どの商品を買うか、選ぶことができます。その競争に勝たなければ、結局は意味がありません。そして、その競争に勝つために必要なのが「資格」なのです。

たとえば、ぼくは２０１０年まで結構なぽっちゃり体型でした。体重が90キロくらいあり、着る服のサイズはＸＬでした。ですがある時、強烈に「このままではマズイ！」と感じさせられた経験があり、そこからダイエットを始めました。

食事内容をコントロールし、運動を始めました。そして何より、自分のモチベーションが切れないように、いろんな環境を整えてダイエットに挑みました。

当時、ぼくと打ち合わせしていた編集者は、ぼくがみるみる痩せていくのを見て、最初は病気の心配をしてくれていたほどでした。もちろん病気ではありません。いろんなことを組み合わせて、毎月2キロずつ、半年かけて12キロ落としました。

自分でいろいろ調べ、計画して、それに従って実施したので、ぼくがどのように痩せたかを説明することはできますし、人に教えることもできます。そして、今でもそのダイエット後の体重をキープしていて、リバウンドをしていません。

内容だけで考えれば、ダイエットプログラムとして販売することもできると思っています（それくらいしっかり調べました）。毎月2キロ、半年で12キロ痩せられて、リバウンドもしないいやり方を「ぜひ知りたい！」と思う人は多いと思います。つまり、ベネフィットは大きいわけです。多くの人が「ぽっちゃり体型から12キロ痩せて、〝通常体型〟に変化する方法」を知りたいと思うでしょう。

でも、このコンテンツをぼくが販売することは難しいです。というのは、ぼくには「ダイエットを語る資格」がないからです。ぼくの方法で、ダイエットに成功したのは、まだ「ぼくだけ」です。ぼく自身は、他の人も使えるノウハウと思っていますが、それを客観的に示す証拠と実績がありません。

また、普段はコメンテーターや経済ジャーナリストとして活動していますが、そういう職種の人が「ダイエットに詳しい」と思われるかといえば、完全に「Ｎｏ」です。ぼくはぼく自身のダイエットを成功させましたが、それでは「ダイエットを語る資格」はないのです。

仮にぼくがこのプログラムを有料販売したとします。とすれば、ダイエットに興味がある人は大勢いますので、マーケットは広いです。でも、多くのダイエットしたい人は、ぼくの話だけを聞いているわけではなく、他にもいろんな手法を検討しています。朝バナナダイエット、ロングブレスダイエット、糖質制限ダイエット……数え上げればキリがありません。

それらの手法は、医者やスポーツトレーナーなどの専門家が長年研究してきたことが元になっています。単なる思いつきではなく、場合によっては医学的な裏づけもとれていたりします。

そうなった時、お客さんはどちらのコンテンツを選ぶでしょうか？「経済ジャーナリスト　木暮太一」という、お堅いことを話しそうな人の話を聞くでしょうか？それとも、医者や栄養士、スポーツインストラクターなど、身体のことを普段から考えている人の話を聞くでしょうか？

ぼくだったら後者です。「あなたはうまくいったかもしれないけど、他の人にも使える保証があるの？」と思われないだけの十分な実績や経験、肩書が必要です。

「**あなただったら、ちゃんとしたことを教えてくれそうだね**」と思ってもらえる人が「資格がある人」なのです。ベネフィット（相手が得られる変化）を提示するとともに、なぜ自分がそのベネフィットを提示できるかの「資格」も合わせて表現しなければいけません。

■「食べる前から、『おいしそう』」でなければいけない

ダイエットに興味を持っている人は、ぼくのやり方と、他の手法を同時に比較検討します。そして、一番「信頼できる人」の話を聞くでしょう。時間が無限にあれば、すべてのやり方を詳しく調べ、自分に一番合ったものを選ぶこともあるかもしれません。しかし実際には、すべてを詳しく検討してから、という人はほとんどいません。

また、実際に内容の良さを比べるのであれば、もしかしたらぼくのやり方も勝ち目があるかもしれません。すべてのプログラムをやってみて、あとから評価をつけるのであれば、もしかしたら、ぼくのやり方を支持してくれるお客さんもいるかもしれません。

しかし残念ながら、コンテンツは試す前に買わなければいけません。つまり、**試す前か**

ら**「よさそう」でなければいけないんです**。レストランで言えば、食べる前から「おいしそう」でなければいけません。「見た目はまずそうけど、食べてみたらおいしい」というレストランがあったとしたら、そのお店はすぐに潰れてしまうでしょう。「食べてみたらわかる」ではまるで意味がありません。食べる前から伝わっていなければいけないんです。

これはすべての商品・サービスについて言えることです。どんなものでも、中身を100％把握する前に買わなければいけません。ちょっとしたお試しや試食はできるかもしれませんが、それでも自分が思い描いているものとまったく同じかどうかは、商品本体を買わなければわかりません。

そのため、実際に中身の質が高いかどうかわからないので、他人は表面で判断するしかないのです。

ぼくらが提供者として考えなければいけないのは、「表面」で判断されても「おいしそう」であることです。そしてそれを示し、アピールすることです。それが「資格」です。言い方を変えると「**信頼性**」です。これを言葉で表現し、伝えなければいけません。

たとえば、低価格のファーストフード店で、「松阪牛を使った本格派ハンバーグ」を提供していても、売上は見込めないでしょう。「それっぽくないから」です。価格重視のビジネスホテルが、同じ名前で5つ星級のホテルを経営してもうまくいきません。いくら実際の部屋が5つ星レベルでも、名前から別のイメージを持たれてしまいます。

反対に、たとえばグーグル社が食べログのような「飲食店を探すサイト」を作ったら、使ってみたくなるのでは?と感じます。中身はどうかわかりませんが、「検索エンジンを極めているグーグル社だったら、よさそう」と思ってもらえるのです。

アマゾン社がネットスーパー(スーパーで売っている食材を宅配するビジネス)を始めたら、一気に注文が入るのではないでしょうか? これも同様で、「あ、なるほど、アマゾン社だったらちゃんとしてくれそうだね」って思ってもらえるのです。

これが「資格」で、魅力的なコンテンツを作るために不可欠な要素です。

POINT 3

目新しさ
差別化が必要。でも差別化だけでは売れない

コンテンツには独自性がなければいけません。「すごくいい内容なんです。最近よく見かける商品と、まったく同じですけど」では、そのコンテンツは売れないでしょう。二匹目のドジョウを狙う戦略ならまだしも、そうでなければ「まったく同じ商品」は注目されません。

お客さんがあなたの商品・サービスを買うのは、**今までとは違う〝コンテンツ〟が入っているから**なのです。

そういう意味で、あなたのコンテンツには独自性が必要です。俗に言う差別化のことですが、ぼくはこれを「**目新しさ**」と呼んでいます。目新しい、聞いたことがない、これまでのものとはちょっと違うかも！　と相手が思うことが大事です。

たとえば、2016年の夏に大ヒットした、「ポケモンGO」。スマホを手に街中を歩きまわる人が続出しました。このゲームがヒットしたのは、ポケモンという人気キャラクターだったからだけではないと思います。これまでのゲームと違い、バーチャル世界とリアル世界を融合させたところに目新しさとおもしろさを感じたのではないでしょうか？

もし、ポケモンGOが他のスマホゲームと同じようにスマホ内で完結するものだったら、あれほどのブームにはなっていなかったはずです。

消費者は常に「これまでと違うもの」「新しいもの」を求めています。そういう意味で目新しさ、差別化は欠かせないキーワードなんですね。

ただ、ここで気をつけなければいけないことがあります。それは「**〝目新しさ〟だけを追求すると危険**」ということです。人は目新しい情報を求めています。知っていることはニュースにもならず、興味も惹けません。そのため、〝目新しさ〟は必要です。

ですが、この目新しさだけを考えていると、だんだん「みんなが知らないことであればいい」「なんでもいいから、みんなが知らない意外なことを言えばいい」と考えるようになってしまいます。

「みんなが知らないことは？」と探していくと、だんだんニッチな事柄に目が行ってしまいます。たしかに目新しいかもしれませんが、ニッチすぎてどうでもいいコンテンツかもしれません。

ダイエットに興味がある人は多いです。そして、ダイエットに関する情報は山ほど出ています。身体全体が痩せる方法だけでなく、お腹、太もも、二の腕が痩せる部分痩せの情報も出ています。ですので、「お腹周りが痩せる方法」を情報として出しても目新しさは生まれません。

何か別のパーツをテーマにしなければ、目新しさは出せないのです。ただ、ここに落とし穴があります。相手が知らない目新しい情報を求めていくと、どんどんニッチな情報になります。つまり、あまり興味を持たれない情報になっていくのです。

たとえば、「手の指が痩せる情報」「足の裏が痩せる情報」などです。これらの情報はあまり目にしたことがなく、多くの人が〝目新しさ〟を感じてくれるでしょう。ただ、その情報、ほしいですか？

たしかに目新しい。でも、足の裏が痩せる方法は特に知らなくても困りません。ベネフィットがなくなるんです。目新しさを出すことばかり考えて、肝心のベネフィットがない情報になってしまうのは本末転倒ですね。

出版業界では、よく「差別化ポイントは？」と聞かれます。本の企画を出した時に、他の本とどう違うのか、何が違うのかがとても注目されます。ぼくが本を作っていた時も編集会議でそういう話題が出ました。「この著者さんは、これまでたくさん本を出してきたので、それらの本と差別化して全然違う路線で書いてもらいます」と編集者が話していたのをよく覚えています。

差別化は差別化で必要です。ただ、相手がそのコンテンツをほしいと思うのは、**「他の本と違うから」ではありません**。つまり、差別化できていれば売れるわけではないんです。

通常、世の中のコンテンツは、需要がたくさんあるところから出されます。いいマーケットからどんどん取られていくのは自然なことですね。みなさんよりも先に誰かがそのマーケットに足を踏み入れているわけです。すでに出されているものから〝差別化〟させようとすると、どんどんお客さんがいないところに行かざるを得ません。

差別化を考えると、どんどん「求められていない方向」に目が行ってしまいます。たしかに独自性はありますが、そこは「誰も見向きもしない場所」なのです。

■スペックの差別化ではなく、目新しいベネフィットを

先日、「アメトーーク！」というお笑い番組で家電が紹介されていました。今の家電はすごく進化して、おもしろい機能がたくさんついていました。家電好きのぼくとしては、とてもテンションが上がります。ただ一方で、差別化にとらわれて、本質を見失っている商品もありました。

それが顕著だったのが炊飯器です。炊飯器は、基本的にご飯を炊くものです。ご飯を炊ければそれでいいので、各社とも自社の商品の打ち出し方に苦慮している印象を受けます。

最近、各社が差別化を打ち出しているのは、「釜の材質」です。炊飯器には内釜がつい

ていますが、この素材で違いを出そうとしています。A社は銅の釜、B社は十釜、C社は炭で作った釜などなど。これらの素材を訴求して、「だからうちはご飯がおいしく炊ける！」とアピールしています。

ただ、これらの素材をアピールされても、正直なところ消費者は理解できません。おそらく銅釜で炊いたご飯と、炭の釜で炊いたご飯を食べ比べても、「両方おいしい」ということしか言えず、区別はできないでしょう。

「炭の釜です！」とアピールすれば、なんとなくよさそうということは感じてもらえるかもしれません。でも「炭の釜だから買う！」とはなりづらいです。

この番組で紹介されていた炊飯器に、一つだけ異質なものがありました。それはアイリスオーヤマ社の炊飯器です。これはひとり暮らし用の小さいタイプです。

ひとり暮らし用なので小さいサイズなのは当たり前なのですが、この炊飯器は下部を取り外すことができ、そこがＩＨ調理器具になっているんです。上部の炊飯器部分は「お櫃《ひつ》」として使え、下部はＩＨとしてフライパンを置ける。ひとり暮らしの小さいテーブルでも、ひとり焼肉ができたりするわけです。

さらにこの炊飯器がすごいのは、ひとり暮らしでずぼらに過ごしたい人向けの機能がついているということ。お米を適当に入れても、そのお米の量に最適な水の量を表示してくれます。さらに、適量をカウントダウンで表示してくれるので、「あと何ｃｃ入れればいいか」がわかり、計量カップを使わずに炊飯器に水を入れることができます。

計量カップを使わないので、お米が中途半端な量に残ってしまった時も、それに最適な水の量がわかりますし、何より計量カップが必要ないということがひとり暮らしには結構ありがたいと思うのです。

まさにひとり暮らしの不便を解消した商品だと感じました。

正直なところ、どんな豪華な釜で炊いても区別はつきません。各社が競っているのは、単なるスペックの差別化になってしまっています。それに対してアイリスオーヤマ社が提供したのは、まだ解決されていない不満・不便を解消した目新しいベネフィットです。どちらがみなさんの目を惹いたでしょうか？

「目新しい」ベネフィットを打ち出す

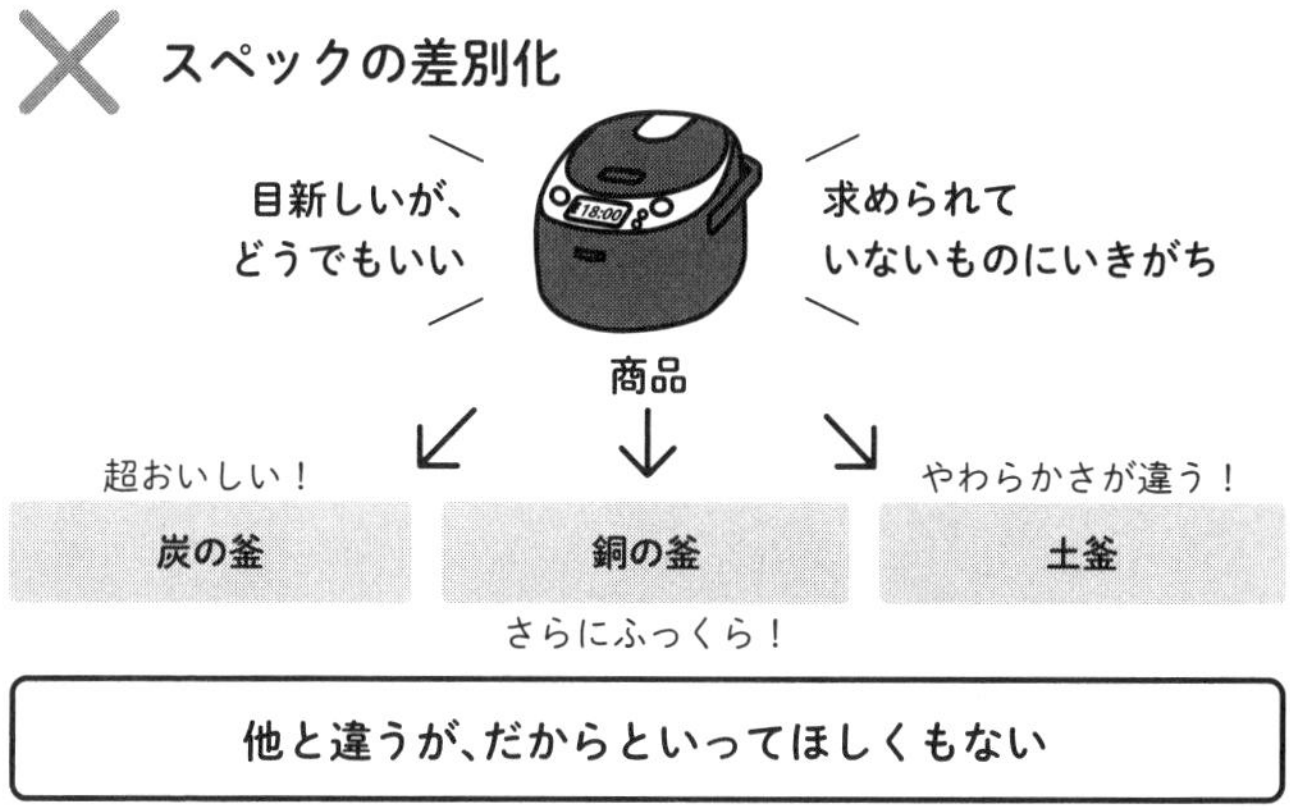

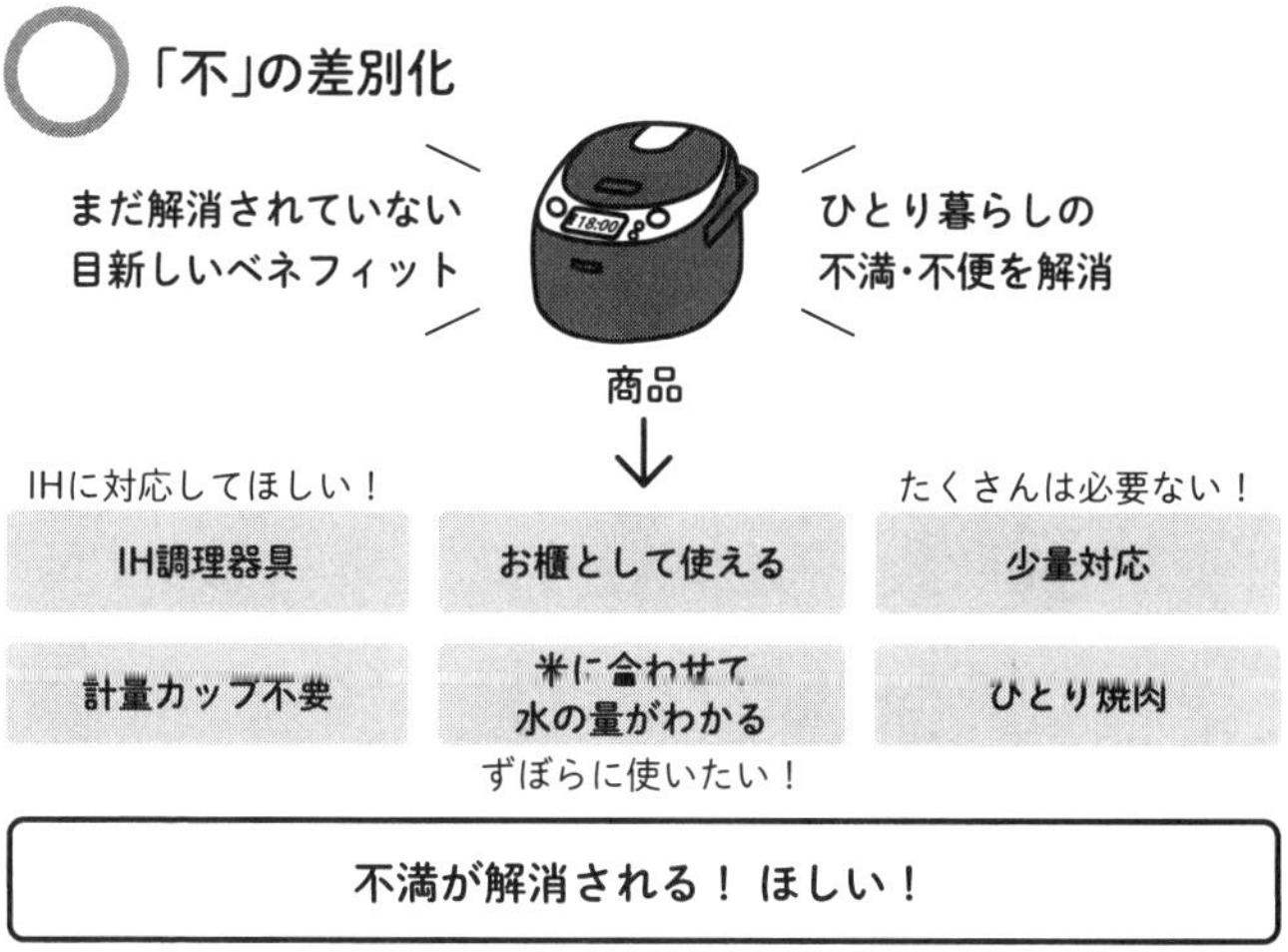

■USPは「いらない」

ここ数年、「USP（ユニーク・セリング・プロポジション）」という言葉が有名になりました。これはマーケティング用語で、「差別化された独自のウリ」と訳されます。自分だけが提供できるウリのことで、これがあればビジネスはうまくいく、これがなければ厳しい戦いを強いられる、というようなニュアンスで使われます。

そのため、多くの事業者が、この「USP」を作ろうと躍起になっています。しかし、ちょっと冷静に振り返らなければいけません。多くの人はこの「USP」の「U（ユニークさ）」に着目し、躍起になってユニークになろうとしています。

でも、ここでまず考えなければいけないのは「ユニーク」であること自体に意味はないということです。先ほども書いたように顧客は「ユニーク」だから買ってくれるのではありません。仮にあなたの商品が「ユニーク」で、他に提供している人がいなかったとしても買ってもらえるとは限りません。

顧客は「ほしいから」買うんです。「他にないから買う」のではありません。

ぼくは、出版企画をつくる講座を主宰しています。そこにたくさんの「本を出したい人」が参加してくれます。ぼくはその場で、「差別化」を考えてはいけないと伝えています。本の読者は、差別化されているから本を買うわけではありません。自分の不を解決してくれるから本を買うのです。

ただ、多くの著者・多くの編集者が差別化を意識し、ただ単に「他と違うもの」を世に送り出しています。だから思うような結果が出ないんです。

ぼくが数多くの出版企画書を添削し、コンサルしてきて、みんなが「USP」にとらわれすぎている現実を見ています。みんな「ユニークであろう」とするがあまり、誰もお客さんがいないところにポツンと立ってしまう。それを提供しているのは自分ただひとりかもしれませんが、そもそも求められていない商品を作ってしまうんです。それでは本末転倒ですね。

ＵＳＰのうち、最も重要なのは間違いなく「ウリ」、つまり相手に提供する価値です。提供するコンテンツがユニークであるかどうかを考える前に、**相手にベネフィットが与えられるか**を考えるのが先です。

たとえ同じ提案をしている人が他に何人かいても構いません。まずはお客さんに価値があるベネフィットを出せるかどうかが重要です。

■正しい特徴づけ、間違った特徴づけ

出版企画や、新商品企画のコンサルティングを行っていると、「この商品説明は、市場を狭めてしまっているな」と感じることがあります。つまり、商品の説明文がお客さんを限定してしまっている、ということです。本のタイトルで、よくその問題が起こります。

まずは具体事例を見てください。

『心が落ち込んだ時の　自分をほめる技術』
『アラサー女子のための　自分をほめる技術』

こういうタイトルの本があったとします。内容は同じでも、この本を手に取る対象者層が大きく変わります。

みんな、自分のコンテンツを際立たせようとして、いろいろ説明文をつけ加えます。単なる「自分をほめる技術」では特徴がなく、アピールするところがない。なので、特徴を持たせようとしているわけです。

ただ、そこにつける修飾語によって、コンテンツが際立つか、逆に無視されるかが決まってしまいます。

無視されるコンテンツにしてしまうのが、その修飾語が「**限定条件**」の時です。限定条件とは、人物を限定する表現です。「アラサー女子のための」「数字嫌いのための」「マジメすぎる人のための」は、人物を限定します。「アラサー女子のための」と言ったら、男性は除外されますし、40代、20代前半も除外されます。そして、除外された人が「今日だけ私にも該当する」ということはありません。40代の人は「今日だけ、アラサー」にはなりません。なので、これは限定条件です。

一方で、コンテンツに特徴をつけ、際立たせるのが「**都度条件**」の修飾語です。「心が落ち込んだ時の〜」「時間がない時に使える〜」「ちょっと贅沢したい時に〜」などは、都度条件です。

「心が落ち込む」というのは、誰にでも起こり得ることです。落ち込みやすい人、あまり落ち込まない人はいますが、常に多くの人が「対象になり得る条件」です。「時間がない時に〜」も「ちょっと贅沢したい時に〜」も、その都度その都度、そうなる可能性をみんなが持っています。

これは人物を限定せず、「もし、そういう時がきたら買ってね」と言っています。となると、コンテンツの性質を特徴づけつつも、お客さんを限定しません。たとえ、今日は興味を持ってもらえなくても、明日そういう状況になった時には興味を持ってもらえます。

自分のコンテンツを差別化しようとし、限定条件をくっつけてしまうと、なかなかコンテンツは売れなくなります。

■まずは「王道」のコンテンツを出す

最近、ぼくはデジタル一眼レフを勉強しています。元・富士フイルム社員ですが、正直なところ、これまであまり写真に興味を持ちませんでした。ですが、ひょんなことがきっかけで、デジタル一眼レフを勉強してみようと思い立ち、写真教室に通いました。

その写真教室は、座学で先生の話を聞くのですが、特にテキストがあるわけではなく、受講者が聞きたいことを質問していくような形式でした。

ぼくは初心者クラスに入ったので、周りの人も含め、カメラの知識はほぼゼロでした。先生はとても親切に教えてくれていましたが、一つ大きな問題がありました。それは、先生が言う「こんなことができたらおもしろい」という話が、〝応用編〟すぎるのです。プロが使っているような高度なレンズを使って撮影した写真を解説し始めたり、微妙な色味の違いにこだわったり。「自分でこうやってアレンジしても、おもしろい写真が撮れる」と、彼はことあるごとに〝応用編〟を教えてくれます。

たしかに、そういう写真が撮れたらおもしろいし、そういうテクニックが使いこなせるようになったら、自分も満足するでしょう。でも、デジタル一眼レフの〝いろは〟も知らない受講生に対し、プロ用のカメラレンズの話をされても、ぼくらはついていけません。

基本ができていない人が応用編を知っても、うまくできるはずはありませんし、それに、基礎がなっていない人が応用を知ってしまうと、逆に何もできなくなることもあります。

武道にも、「**守破離**」という言葉があります。これは、物事を習い、自分のものにしていく過程を示した言葉です。まずは「守（言われたことを忠実に守る）」が大事、そして「破（言われたことを少しずつ破って、部分的にアレンジしてみる）」、そして最後に「離（自分なりのやり方に昇華させ、独自の手法に進化させる）」です。

これは武道に限らず、何かを身につける時にはすべて当てはまると感じています。物事を身につける時の考え方ですが、同時に、人に教える時も同じです。

「守」とは、基本です。**その分野で語り継がれている王道**のことです。その王道をマスターしたら、少しずつアレンジを加え、最後にプロがおもしろがるような「通」の情報に手を出すべきです。

たとえば、旅行雑誌を見ると、まずは「ここだけは行っておきなさい」というベタベタな定番スポットが載っています。あれが「守」です。ぼくはハワイが好きで、ハワイには何回か旅行したことがあります。その都度、ガイドブックを買っていくのですが、毎回毎回、どのガイドブックを見ても、同じような情報が載っています。

ぼくはかなりハワイ好きで、ハワイの番組も片っ端から録画して観ているほどなので、正直なところ、市販のガイドブックに載っている情報はほとんど知っています。そしてそれ以上に「もっとこういうところがおもしろいのに」と思うこともあります。

ただ、それはぼくがハワイに何度も行ったことがあり、テレビのハワイ特集を観て、いわば「玄人」になっているからそう感じるのです。

いろいろ知っている玄人や専門家から見て「おもしろい情報」や「これもできた方がいい」「これも知っておいた方がいい」というのは、言ってみれば「通」の情報です。通の情報は、ベタ・定番を知ったうえで活きるものです。

ベタな定番情報を出すと「こんなの当たり前だからなぁ」と、自分で物足りなくなることがあるかもしれません。でも、そう感じるのは、あなたが専門家だからです。初心者は知らないことがたくさんありますし、定番情報を知る前に応用編の「通」な情報を知っても、活用することができません。まずは「王道」のコンテンツを出すことを心がけましょう。

POINT 4 納得感

言われてみたら、たしかにそうかもしれない

そしてもう一つ、「目新しさ」について気をつけなければいけないのは、コンテンツが

単に奇抜になることです。誰も知らないことを語ろうとするあまり、世の中に共通認識としてある「常識」を覆すようなことが言われることもあります。

たとえば、「じつは運動は身体に悪い」という主張をするとしましょう。世の中的には、「運動＝身体にいいこと」とされていますので、この「運動は身体に悪い」は、とても目新しさを感じます。世の中にあるものから差別化できているわけですね。

……ただみなさん、この主張に賛同しますか？

「じつはオレも、うすうすそう思ってたんだよな」と思うでしょうか？　おそらく、ほとんどの人はそう思わず、賛同もしないでしょう。「運動が身体に悪い？　そんなわけないでしょ？」と一蹴するのではないでしょうか？

人と違う奇抜なことを言えば注目を集められると考えるのは、少し世の中を甘く見ています。何でもいいから人と違うことを言えば注目されるわけではありません。ネットでも炎上すらさせられず、単に無視されて終わるだけです。

「この人が言っていることは、もしかしたら本当かもしれない。ちょっと吟味してみよう」などとは思われません。単に無視されるだけです。

何か目新しいこと、世間で〝通説〟と思われているものと違うことを語る時に同時に必要なのは、**「納得感」**です。**「言われてみたら、たしかにそうかもしれない」**と思われるような内容が必要なのです。

納得感とは、「言われてみれば、たしかにそうかもな」「今までうすうす感じていたけど、やっぱりそうなんだな」と思ってもらえる、ということです。

かつて、有名な健康情報番組がありました。その番組は、毎週毎週新しい「健康にいいネタ」を出していました。視聴率が非常に良く、毎回毎回視聴者は「新しい情報」を求めてその番組を見ていました。

しかし実際には、それほど画期的な健康ネタがあるわけではありません。健康食品や健康にいいものは世の中にたくさんありますが、目新しいものは少ないです。水分を取った方がいい、運動をした方がいいなど、もはや誰もが知っている「常識」を番組で紹介するわけにはいきません。視聴者は目新しいものを求めています。しかし、もうネタがない。

追い詰められた番組制作陣は最終的にはウソの情報を出してしまいました。いくつものウソの情報を出し、視聴者を騙していました。この出来事はとても大きな問題になり、最終的にはその局の社長が謝罪し、番組は終了しました。

ただ、ここで着目したいのは、なぜみんながそこまでウソの情報を信じたか、ということです。いくらテレビの番組とはいえ、様々なウソの情報が放送され、多くの視聴者がそれを信じたのです。

たとえば、番組で紹介されていた情報に「納豆はよく混ぜ、20分以上放置した方が健康にいい栄養素が増える」というものがありました。その情報を信じて、ぼくの会社の同僚が職場で納豆をひたすらかき混ぜていたのをよく覚えています。

この情報、じつはウソだったわけですが、多くの視聴者が信じてやっていました。なぜか？　番組への信頼性があったから、というのが前提でしょう。でも、それだけではないと思います。このウソの情報に騙された理由は「納得感」です。

納豆をそのまま食べるより、かき混ぜてねばねばさせた方が健康によさそうなんですよね。かき混ぜればかき混ぜるほど、より健康要素が増えそうな気がするんです。だから、テレビでそう紹介された時に、「やっぱり納豆は混ぜて食べた方がいいんだな〜」とみんなが従ったのです。ウソの情報ですら「納得感」があれば信じられてしまうわけです。

これは非常に大きなポイントです。

また、その逆も同じです。ここでぼくらが意識しておかなければいけないのは、**「本当の情報でも、納得感がなければそれは信じてもらえない」**ということです。みなさんは、プロとして本当のことを知っているでしょう。世の中に出回っている表面的な情報が間違っていて、「本当はこれが正しい」「本当はこっちの方がいい」ということがわかっています。

しかし、世の中は「正しい情報」を常に信じるわけではありません。

東日本大震災後には、音速とも言えるスピードで、様々なデマが広まりました。ツイッターでもリツイートが繰り返され、あっと言う間に拡散していきました。なぜこんなに早く広まるかと言えば、「みんながその情報を信じたから」ですね。そして、なぜそんなに簡単にデマ情報を信じたかと言えば、「それっぽい情報」だったからです。納得感があったからです。

デマ情報が拡散していく一方で、一部の専門家は正しい情報を頑張って発信していました。しかし、そちらに注目が集まることはありませんでした。

人々は、納得感がある「それっぽい情報」を信じ、そちらに耳を傾けます。正しい情報だから聞いてくれるわけではないのです。


「納得感」は、情報の真偽だけではありません。エンターテインメントでも同じです。たとえば、VR（バーチャル・リアリティ）の技術があります。ゴーグルのようなものをかけると、目の前の映像（バーチャル）がまるでリアルの世界のように見えるという技術ですね。

この技術が注目を集め、早くも映画、ゲームなどの世界に取り入れられ始めています。ぼくもこの技術を聞いた時に「おもしろそう！　やってみたい！」と感じ、多くの消費者がこのVRゲームの体験コーナーに足を運びました。

なぜでしょうか？　まだ誰もVR技術を体験していないのに、それを使ったゲームに行列をつくるのは、「納得感があるから」です。「たしかにゲームで見える画面がリアルの世界に見えたらおもしろいだろうな」という納得感があるので、ゲームのクオリティを説明しなくても多くの人が興味を持つのです。

この「詳細を知る前に、よさそう！　と信頼してしまう」というのが納得感です。コンテンツが売れるためにはこの要素が不可欠です。

■ビジネスはＴＴＰ（徹底的にパクる）

差別化しようとして、お客さんが誰もいないところに行かないために、また、「納得感」を打ち出すために使える考え方があります。それが「ＴＴＰ（徹底的にパクる）」です。

個人の働き方や、フリーランスのお金の稼ぎ方を考えると、どうしても「独自性・差別化」というキーワードに目が行きがちです。しかし、ビジネスの本質で考えると、それは危険な考え方と言わざるを得ません。

ビジネスの定石は、「**うまくいっているものをパクる**」です。〝パクる〟と言っても、人のものを盗んだり、犯罪をするわけではありません。これは人のやり方を勉強・研究して、取り入れるという意味です。

「人のものをマネるなんて、つまらない」と感じる人もいるかもしれません。しかし、もし他の会社のやり方を分析して、取り入れることができなければ、その人はビジネス社会で成功することは難しいでしょう。

スポーツでも音楽でも、うまい人からまず習いますよね。うまくできるやり方を学び、その通りにやってみます。なぜか？　それが「うまくやるための方法」だからです。野球を始める少年が、100％我流で始めようとしたら、みなさんはどう思うでしょうか？「ちゃんとうまくいく方法を勉強した方がいいよ」とアドバイスするでしょう。それと一緒です。

人のマネをせずに、独自で切り開いてやる！　という気概は大事ですが、見方を変えるとそれは、ライバルの分析すらしていない単なる勉強不足の人なのです。

うまくいっているものを研究して、マネして、それを取り入れなければ、ビジネスでは勝てません。

そしてこれは、あなたが選ぶビジネスのジャンル、テーマにも同じことが言えます。独立・起業する時、または新しいビジネスを始めようとする時、どんなビジネスを選ぶか考えますよね。

「世の中にないジャンルを作りたい」と考える気概は大切です。でも、それは誰も足を踏み入れていない山で農作物を育てるようなものです。その道には誰も入っていないので、もし成功すればあなたはパイオニアになり、その分野の収益を独占できるかもしれません。しかし、その時、あなたが入っていく土地は「未開の地」です。畑として耕されていないどころか、森林を開墾するところから始めなければいけません。それをひとりでやる、ということなのです。

なぜそのビジネスが必要なのか、お客さんにどんなベネフィットがあるのか、などをイチから説明し、わかってもらわなければいけません。お客さんに「こんな商品いかがですか?」と投げかけても、「それって、どういう意味があるんですか?」と返ってきてしまいます。商品の存在意義から説明しなきゃいけないわけですね。

一方で、世の中にある商売を始めるということは、商業施設のテナントに入るようなものです。すでにお客さんが目の前にいて、あなたは「開店」をすればいいだけ。たしかに、その商業施設には多数のお店がすでに入っていますので、あなたは目立ちません。でも、「買うつもり」で来ているお客さんがたくさんいる。そこで商売ができるのです。

お客さんに「こういう商品いかがですか？」と言えば、相手に自分のビジネスを紹介した時、すでに相手が知っているので、受け入れられやすい。目の前のお客さんが欲しているかどうかは別として、すでに相手が納得しているビジネスなんです。

この「**納得感**」、「**意味がわかる感**」、「**たしかにこれが必要かもね感**」がとても大切です。

世の中にないジャンルを作るということは、あなたが道を切り開くということです。聞こえはカッコいいですが、最初は誰からも見向きもされません。それどころか、その商品がなぜ必要なのかもわかってもらえないでしょう。相当な労力をかける覚悟をしなければいけません。

うまくいっている企業は、元々あったビジネスをよりうまく、より効率的にやっている会社や、もともとある業界内で、画期的な商品を出している企業ではないでしょうか？もしくは、何かのビジネスを場所や見せ方を変えて、「隣のジャンル」で展開をしている会社です。

トヨタ自動車が自動車業界をつくったのではありません。自動車業界に参入して、他よりうまくやったから、ここまで大きくなっています。同じようにアップル社が携帯電話やパソコンを発明したのではありません。

それぞれの会社には、革新的なやり方があります。でも領域自体は「過去からあったもの」なのです。起業してうまくいっている人は、元々「そういうビジネス」があったところに、あとから参入した人がほとんどで、「そんな商品、見たことも、想像したこともなかった」という商売をやっているわけではないのです。

でも、そのビジネスでの大原則が、個人の働き方やフリーランスが自分の仕事を選ぶ時には、かなり軽視されています。個人は「オレは独自路線で行く！」と考えがちなんですよね。

人のものを盗作しろということではありません。周りが一生懸命テストして、失敗して、せっかくそれを提示してくれているのに、その知恵を活かさず、自分でイチから取り組むのはビジネスとして賢くない、ということです。

必ずしも独自の業界をつくる必要はありません。みんなと同じ業界の中で、先輩たちの知恵を学びながら自分が一番素晴らしい商品・サービスを世の中に提供すればそれでいい。売れるコンテンツを作るためにはこれが必要不可欠な考え方です。

第3章

売れるコンテンツを作る

コンテンツのゴールを決める

ここからは、あなたのコンテンツを作るための具体的な方法をご紹介していきます。売れるコンテンツを作るためには、どのような手順で考えていけばいいでしょうか？

売れるコンテンツに必要な要素「**ベネフィット**」「**資格**」「**目新しさ**」「**納得感**」をどのように表現していくか、順を追って解説していきます。

売れるコンテンツにするためには、この４つを考えなければいけません。順番としては、

①自分の商品・サービスを使ったときの「相手の変化」を表現する（これを使うと、相手

の悩みが解決される・願望が実現できることを表現する）

②「あなただったら、その変化を実現できそうですね！」と言ってもらえる実績や経験を表現する

③目新しさがあるか、確認する（その「変化」が相手にとって目新しいものか、あなたのやり方が相手にとって目新しいものか）

④納得感があるか、確認する（言われてみたら確かにそうかも、と言ってもらえるか）

という流れでしょう。

これを理解し、自分のケースに当てはめることができれば、あなたが扱っている商品・サービスは売れるようになります。あなたのノウハウを出版することができます。セミナーや講演に人が集まるようになります。いいコンセプトの企画を作れるようになります。

これらが非常に本質的な、かつどんなケースでも使える組み立て方なのです。

考え方をご理解いただけたところで、この章では、具体的にどうすればいいかをお伝えしてきます。

そのために、まず整理したいことがあります。それは「コンテンツのゴール」です。言い方を変えると、「誰が、どうなるための商品・サービスなのか」です。

自分の商品は誰のためのものか、何をするためのものなのか、何ができるようになる商品なのか、その定義をしていない人は、案外多いです。「いろんなメリットがあるんです」「いろんな効果があります」と伝えていませんか？　それはゴールを決めているようで、決めていないのと同じです。

また、商品の名前を伝えても意味がありませんし、スペックの説明も無意味です。

誰が、どうなりたい時に買う商品なのか？　それをまず短い言葉にしましょう。

たとえば、格安航空券の比較サイトがあります。そのサイトが提供しているものは、「航空券をどの会社から買うのが一番安いか」という情報ですね。ユーザーもその情報を求めてサイトを利用します。

ですが、実際には、航空券だけではなく、ホテルやツアーも予約できますし、サイトによっては現地のオプショナルツアーも申し込めたりします。こうなってくると、このサイトが提供しているものは単に「航空券を安く買う方法」だけではなくなります。「いいホテルを選べる」「おもしろい現地オプショナルツアーを見つけられる」など、旅行の質を総合的に上げるサービスになっているわけです。

ただ、このサイトを知らない人に最初から、「海外旅行の質を総合的に上げるサイトです」と伝えても意味がわかりません。何を指しているかがわからないからです。

いろいろ伝えたくなる気持ちはわかりますが、顧客はそれほど多くの情報に注意を向けてはくれません。

まずは「私を使うとあなたがこうなります！」と短く伝えなければいけません。この例で言えば、「(うちのサイトを見ていただくと）安く旅行したいと考えている方が、航空券を最安値で買えるようになります」とひと言で表現できなければいけないわけです。そして、それを提供した相手に「こういうのもできますよ」と別のゴールを示すのです。

ぼくがビジネスコンテンツ設計のコンサルティングや企業研修をしていると、このゴール設定が不明確な人にたくさん出会います。とてもいいものを持っているのですが、自分のノウハウが結局どこを目指しているのかを明確にしていません。

あなたが提供しているものを活用した人には、変化が生まれます。

つまり、before→afterの変化があるわけですね。では、そのafterとは一体どんな状態のことなのでしょうか？　何ができるようになっていれば、そのコンテンツを使いこなせるようになったと言えるのでしょうか？

それを提供者であるあなたが決めておかなければいけないということです。

いろいろできることがあったとしても、それを一気に伝えてはいけません。相手は一気にすべてを解決したいわけではなく、「まずはこれをやりたい」というものがあります。まずはそこだけに絞らなければいけないのです。

たとえば、「私のコンサルティングを受ければ、コミュニケーション力も身について、営業もできるようになって、発想も豊かになって、健康にもなって、痩せて、その上、理想のパートナーにも出会えるんです」と伝えても、「そこまでいりません……。ひとまず、コミュニケーション能力を身につけたいだけです」と言われそうです。

何事もステップがあり、それを段階的に提供していかなければいけません。「初級編」が終わったら、「上級編」を。それがマスターできたら「達人編」を見せられるわけですね。

たとえば、電化製品の取扱説明書を思い出してください。多くの取扱説明書では、その製品を使ってできることのやり方が書かれていますが、特に「まずはここから」「とりあえず使ってみる」のような「初級編」の欄があります。ひとまずはこの機能を使えるようになってください、そうすればまずはOKです、という内容が書かれているわけです。

提供者であるあなたがそれを決めてあげなければいけません。自分が持っているものを言葉（文章）にできない人の多くは、この〝ゴール〟を設定していません。

ゴールを設定していないので、何から話していいかわからないし、相手に伝えるべきポイントが自分で見えなくなってしまうのです。

もちろん、相手のレベルによって、その〝ゴール〟をどこに設定するかは変わります。

今はどの段階の相手に伝えようとしているのかも意識しなければいけませんね。そしてゴールまでの進み方を示してあげることが、あなたに求められていることなのです。

誰に伝えるかを決める

コンテンツのゴールを考える時に欠かせないのが、「誰に伝えるか」です。人によって、興味や必要なものが違いますので、「誰に」が決まらないと、コンテンツのゴールも決まりません。

ただ、この時に考える「誰」とは、相手のプロフィール（男女、年齢、職業など）ではありません。よくやってしまうのが、「20代男子で、東京で働いている人に向けて」というように、人口統計のように表現してしまうことです。

このような表現をすると、「誰に」を定義したつもりで、じつは何も決まってない、ということになります。「20代&男性&東京で働いている人は、こんな感じの人」というイメージは持てるかもしれません。ただ、考えてみたら「20代男子で東京で働いている人」というのは、何もその人の性質を表していません。

毎日満員電車で通勤しているだろう、1Rの部屋に住んでいるかもな、これからの自分の仕事に興味や不安があるかもな、という推測はできます。ですが、その人に何を伝えればいいのかはまったくわかりません。

そもそも人が相手のコンテンツに興味を持つのは、自分にベネフィットがあるからですね。つまり、「Aだった自分が、Bになる」から、そのコンテンツに興味を持つわけです。興味を持つのは、20代だから、男性だから、東京に住んでいるから、ではありません。

「誰に」を定義する時に考えるのは、相手の属性ではなく、相手の〝不〟です。つまり、「**こういうことを不満に、不便に、不安に感じている人に向けて打ち出そう**」という表現で考えなければいけません。コンテンツはあくまでも、ベネフィットありきです。そして、ベネフィットは不の解決（課題解決、願望実現）です。

「東京に住む20代男性向けの情報サイトです！」と打ち出したところで、誰も見てくれないでしょう。

しかし、「通勤のストレスが半分になる情報が満載のサイトです！」だったら、興味を持ってくれる人がいます。その中身に興味を持つのが結果的に「東京に住む20代男性」であるかもしれません。でも、それはあくまでも「通勤のストレスを抱えた人向け」であって、「東京に住む20代男性向けのサイト」ではないのです。

POINT 1 ベネフィット

世の中の〝不〟を探す「類感マトリックス」

この「誰が、どうなるため？」を決めたら、4つの要素（ベネフィット、資格、目新しさ、納得感）を具体的に考えていきましょう。まずは、ベネフィットです。

人が商品・サービスにお金を払ったり、サイトにアクセスしたりするのは、「ベネフィット」があるからです。そしてそのベネフィットとは「Aだった人がBになる」という変化のことです。前章でもライザップのテレビCMを例に説明しましたが、相手が望む変化を得られることが商品の価値になるのです。そしてその変化を生むのは、〝不〟を解消した時です。

ここまでは、先ほど説明しました。

難しいのはここからです。考え方として「不を解消すればいい」ということがわかっても、実際に、世の中にどんな不があるかがわかりません。それを言い当てられなければ結局意味がありませんね。

なので、この章では自分が解決している不を定義する方法、またそれを掘り下げていくやり方を紹介します。

自分が解決する不を自分で明確に捉えている人は多くはありません。多くの企業は、「自分たちができること」から商品を企画・立案し、後づけで「こんな人に買ってもらいたい」とターゲット設定をしています。でも、それは自分たちが単に狙っているだけで、相手が必要としているのとは違います。

ビジネスで考えなければいけないのは「**相手の不**」です。あなたに何ができるか、何を相手にするか、どんな理論を基本にしているか、どんな材料を使っているかを語っても、誰も振り向いてくれません。常に相手が〝不〟に感じていることを解決してあげるのです。

そのため、まず考えなければいけないのは、世の中にどんな〝不〟があるかを考えることです。ほとんどの人は、「自分ができること」から考えてしまうので、この発想が生まれづらいです。形式上考えているかもしれませんが、ほとんどが後づけです。

「自分はこういうことができる。自分はこういうことがしたい。だから、こういう商品を作る。その商品を誰に売ろう?」と考えます。まずは「自分ありき」で、商品内容が決まってから「それを必要としている人に買ってもらおう」と考えています。順番が逆になってしまっているんですね。これでは売れないのも当然です。

この視点を修正し、世の中の〝不〟からビジネスを考えられるようにするために、ぼくは「**類感マトリックス**」という手法を開発しました。類感とは、ぼくが作った造語で、「**世間の人が〝あるある〟と感じていること**」ことです。それをマトリックスにまとめます。

類感マトリックスの書き方を解説します。次ページの図のように十字を描いて、4つのブロックを作ってください。そして左側にビジネス、右側にプライベートと記入します。

類感マトリックス

ビジネス	プライベート
ゼロから 1以上にしたい！ 0→＋ もっと 改善したいこと	ゼロから 1以上にしたい！ 0→＋ もっと 改善したいこと
マイナスを ゼロにしたい！ －→0 今すぐ 消し去りたいこと	マイナスを ゼロにしたい！ －→0 今すぐ 消し去りたいこと

そして線の上に「0→+」、線の下には「−→0」と記載します。

この類感マトリックスに、世間が感じている〝不〟を書き入れます。〝不〟は不満や不安、不足、不便……という意味ですが、性質が大きく二つに分かれます。

①もっと改善したいこと（○○という願望を実現したい）

今は「ゼロ」の状態で、それを「プラス」にしたいという項目。願望を実現したいというニュアンスに近いです。放っておいても死ぬことはないけど、できればもっと改善したい、上を目指したい、よりよい状態を目指したいという意味です。

モテたい、体力を増やしたいというプライベートの不もあれば、もっと売上を上げたい、もっと商品知名度を上げたいというビジネス分野の不もあります。

②今すぐ消し去りたいこと（○○という課題を解決したい）

今は「マイナス」の状態で、それを早く消したりたい、つまり「ゼロ」にしたいという項目。直面している課題や問題を解決したい、というニュアンスです。身体の不調、ビジネスのトラブル、社内の課題などは、できるだけ早く「ゼロ」にしたいですね。

そして、①②はそれぞれビジネス分野の不、プライベート分野の不があります。それを類感マトリックスに分けて書き入れるわけです。

たとえば、次のページの図のようになります。

■類感マトリックスに書き込む時は、自分のビジネスを100％忘れる

類感マトリックスに世の中一般の人の不を書き入れる時、注意していただきたいことがあります。それは、**あなた自身のビジネスをすべて忘れて書かなければいけない**ということです。

自分のビジネスに関連したことを書こうとすると、必ず自分が提供しているコンテンツが先に頭に浮かんでしまいます。そして、そのコンテンツが解決する（かもしれない）不を書いてしまいます。

でもそこから出てきた発想は「あなたの商品ありき」ですよね。自分が提供しているコンテンツがまずあって、それが解決できる〝不〟を考えてしまうので、どうしても自分の枠から出ることができません。自分のコンテンツが頭にある限り、あなたは自分目線から抜け出すことができません。

たとえば、過去のトラウマを解消する心理カウンセラーの人が、自分のカウンセリングを視野に入れてこの類感マトリックスを埋めるとどうなるでしょうか？

一例をあげると、このようになってしまいます。

自分の過去の嫌な思い出を消したい。
トラウマをなくしたい。
心に刺さったショックな言葉を忘れたい。

たしかに、そういう悩みを持っている人もいます。でも、それは「世の中の不」ではなく、このカウンセラーさんが自分のところに来てほしいお客さんが持っていそうな不で

類感マトリックスの記入例

		ビジネス	プライベート
①	もっと改善したいこと 0→+	・売上を上げたい ・集客力を上げたい ・知名度を上げたい ・優秀な社員を採用したい ・カッコいいオフィスで仕事をしたい ・メディアに取材されたい ・表彰されたい	・モテたい ・筋肉をつけたい ・オシャレになりたい ・恋人がほしい ・自由な時間がほしい ・もっとたくさん旅行に行きたい ・おいしいレストランで食事がしたい ・お得な情報を知りたい
②	今すぐ消し去りたいこと −→0	・借金をなくしたい ・クレームをなくしたい ・値引き要求されたくない ・厄介なお客さんと付き合いたくない ・嫌な上司を変えてほしい ・満員電車で通勤したくない	・腰痛を治したい ・お腹を凹ませたい ・友人との関係を修復したい ・不眠を治したい ・結婚したい ・子どもを産みたい ・朝起きたくない

す。自分の商品ありきで不を探しても意味がありません。それは単に「自分のサービスは、こんな人向けです」と説明しているにすぎません。

こうなってしまうと、自分のコンテンツありきになりますね。まず自分がやることが決まっていて、それにマッチする人はこんな人、と考えているにすぎません。これでは意味がありません。

世の中一般の人が感じている〝不〟を出すためには、自分の商品やビジネスを全部忘れ、「自分には関係ないけど、街中にこういう人いるよね」という視点で考えることが必要です。

自分のビジネス、自分のコンテンツを１００％忘れ、一般的に世の中の人がどういう課題を抱えているか、それをビジネス分野とプライベート分野に分けて洗い出すことに専念してください。

自分の商品と関係ない不を出しても、意味がないのでは？　と感じるかもしれませんが、大丈夫です。このあとにちゃんと役立てられるように接続します。とにかく最初は、自分目線から抜け出すために、自分に関係ない街行く人たちを考えて、その人たちの不を一般的に洗い出すことを考えましょう。

■自分のコンテンツを「手段」として提供する

類感マトリックスに世の中の不を洗い出すことができたら、今度はそれらと自分のコンテンツとを接続します。マトリックスに書いてある不を解消するための手段として、自分のコンテンツが使えないかを考えます。

たとえば、ぼくのケースで説明します。ぼくは中学2年生のころから「どうやって言葉でわかりやすく伝えるか」を考えてきました。そしてそれを今は体系的にまとめ、「説明力研修」として提供しています。

ぼくのコンテンツは、「難しいこと、複雑なことを、わかりやすく説明する方法」ですが、それ自体を目的にしても、みんながみんな興味を持ってくれるわけではありません。「いや、別にわかりやすく説明できなくてもいいので……」と感じる人も多いです。

自分のコンテンツを、そのまま直接「目的」にしてしまうと、その目的に賛同しない人は買ってくれません。いくら詳しく説明して〝良さ〟を訴えても、おそらく興味を持ってくれないでしょう。

ここは、より多くの人に自分のコンテンツを届けたいところです。そのために必要なのは、自分のコンテンツを「**手段**」として提供することです。そして、相手の目的を達成する一つのやり方として紹介することです。

類感マトリックスを見てください。たとえば、ビジネスの「0↓+」のエリアに出てきた項目を見ます。ここに、「売上を上げたい」「商品知名度を上げたい」という項目があります。世の中の人は、「売上をもっと上げたい」「もっと商品知名度を上げたい」というビジネス分野の不を持っているということですね。

つまり、みんながほしいのは、「わかりやすく説明する能力」ではなく、「もっと売上を上げる方法」だったり、「商品知名度を上げる方法」だったりします。

ここで自分のコンテンツを「手段」として提供します。ぼくの場合だと、「わかりやすく説明する力」を使って、売上を上げられないか、商品知名度を上げられないかを考えるのです。

そしてそれができると思ったら、「**あなたが望んでいることを実現する手段**」として、「説明力研修」を定義します。つまり、「みなさん、売上を上げたいと思っていますよね？ぼくが持っている説明力のノウハウを使えば、自分の商品をわかりやすく説明することができて、それだけ売上が上がるんです。ぼくの説明力研修を受けてみませんか？」と伝えるわけです。

「物事をわかりやすく説明する方法を身につけるために、ぼくの説明力研修を受けませんか？」と聞かれて「Ｎｏ」と答えた人も、「説明力を身につけることで、自分が望むことが叶いそう」と思えば、興味を持つでしょう。

このように自分のコンテンツを手段として定義することで、そのコンテンツの見え方が変わり、魅力が変わるのです。

他にもたとえば、ヨガを通じてダイエットをするということもありますね。もともとヨガはダイエットをするためのものではなく、精神を鍛えたり、集中力を高めたりするためのものです。でも、ダイエット目的で、ヨガを行っている女性は世の中にたくさんいます。その人たちにとっては、ヨガは「ダイエットの手段」なわけです。

人前で緊張せずに話す方法を教えられる人がいます。その人が知っているのは、文字通り「人前で緊張せずに話す方法」です。でも、それを「初対面のお客様にも緊張せず、営業できる話し方講座」として提供すれば「営業成績を上げたい人」が申し込んでくれます。一方で、「異性との会話を楽しめるようになる方法」とすれば、婚活中の男女が参加してくれる講座になるかもしれません。

繰り返しですが、あなたが持っているコンテンツをそのまま目的にして表現しても多くの人は「私には関係ない」と感じてしまいます。お客さんは決して、あなたが持っているコンテンツを知ること自体を目的にしているわけではありません。**それを使って「自分がやりたかった何か」をしたいだけなのです。**

そういう目線で、類感マトリックスに書き込んだ「世の中の〝不〟」を見渡してください。

そして自分が持っている商品、サービス、ノウハウを「手段」として使えるものはないか、見渡してください。

そうすることで、自分の想いから抜け出し、より広い視野であなたのコンテンツを魅力的に語ることができるようになりますよ。

■「あなたが望んでいた○○ができるようになります」

ベネフィットを定義していく時に、絶対にやってはいけないのは、「主語が『私』になること」です。

私は、こんなことを知っています。

私が提供するものは、質が高いです。

私はこんな材料を使っています。こんな技術を使っています。

などなど。

主語が「私」になった瞬間に、相手の興味を惹けなくなります。相手は「自分がどう変化するか」を知りたいし、それがわからなければ興味を持たないからです。

「質が高いということがわかれば、いろいろ感じ取ってくれるのでは？」と考えるのは、かなり危ないです。質が高いから何なのでしょう？　質が高いことはわかりますが、そもそも私にそれは必要なのでしょうか？　お客さんの中にはそういう疑問がわいてきます。その疑問に直接的に答えを出さなければいけません。

「質が高い」とだけ言うことは、お客さんに対して「自分で考えて」「察してよ」と言っているのと同じですね。もちろん、中には察してくれるお客さんもいるとは思いますが、全体として考えたらかなり少数派でしょう。

お客さんは、あなたのコンテンツを吟味する義務を負っていません。一生懸命考えて、「もしかしたら自分に有益かもしれない」「なんとかいいところを見つけよう」と考えているわけではありませんね。

商品の主語を「あなた」「あなたと私」にする

✕ 主語が「私」「自社」

スペックの
すごさを
押してしまう

イタリア製の
超高速搾り機で作った
オレンジジュースだよ！
ビタミンCは3000mg！

○ 主語が「あなた」「あなたと私」
（消費者・ユーザー・クライアント）

相手の
変化を
伝える

デスクワークの効率が
2倍になりそう！
寝不足でも、
目がシャキッとするよ！

相手が知りたいのは、それで自分がどうなるか？

相手の興味を惹きたいのであれば、主語を「相手」にしなければいけません。「(自分のコンテンツを使うと) あなたがこうなります」という表現が不可欠です。相手がすぐにベネフィットを感じられるような表現で自分のコンテンツを伝えなければいけません。

それが「**あなたが望んでいた○○ができるようになります**」という表現です。

「○○ができるようになります」「○○になります」「○○を得られます」など、変化を打ち出すことで、相手はこのコンテンツが持っているベネフィットを明確にイメージできるようになります。

ただしもちろん、ほしくない変化を提示しても興味を持ってもらえません。「異性に生理的に嫌われるようになる方法」というブログを書いても、誰もアクセスしてくれませんよね。たしかに変化は打ち出していますが、「求められていない変化」です。当たり前ですが、「**相手が望んでいること**」を打ち出さなければいけません。

ライザップのCMにみんなが興味を惹かれたのは、変化が見えていたことと合わせて、

本当に「ベネフィット」になっているか確認する

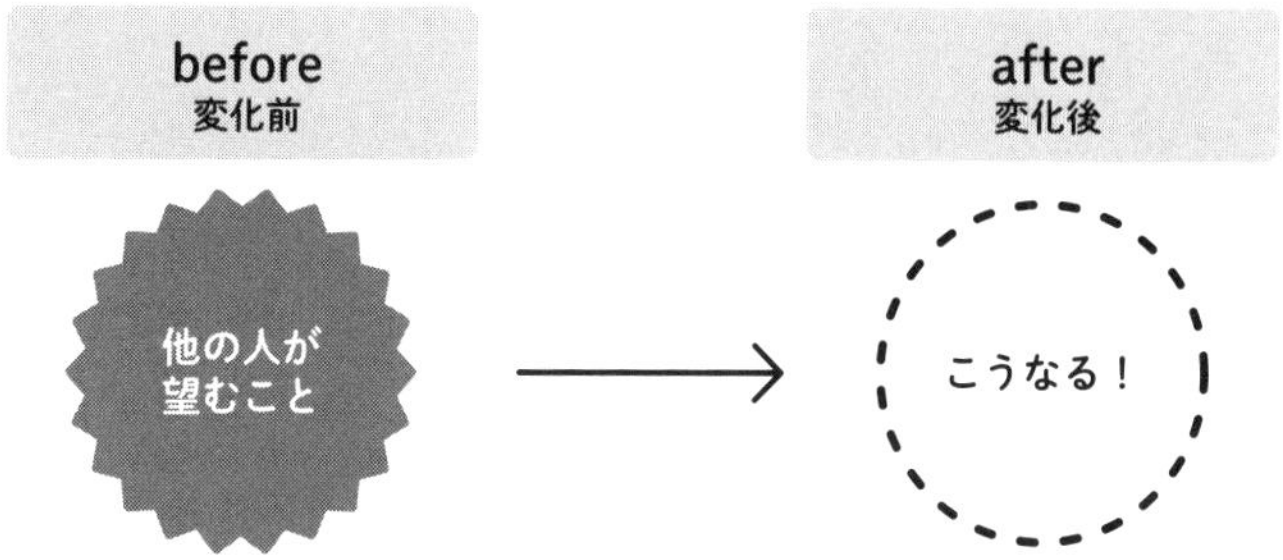

自分が提供できるコンテンツの「変化」を、
このフレーズに当てはめて考えた時、違和感はないか？

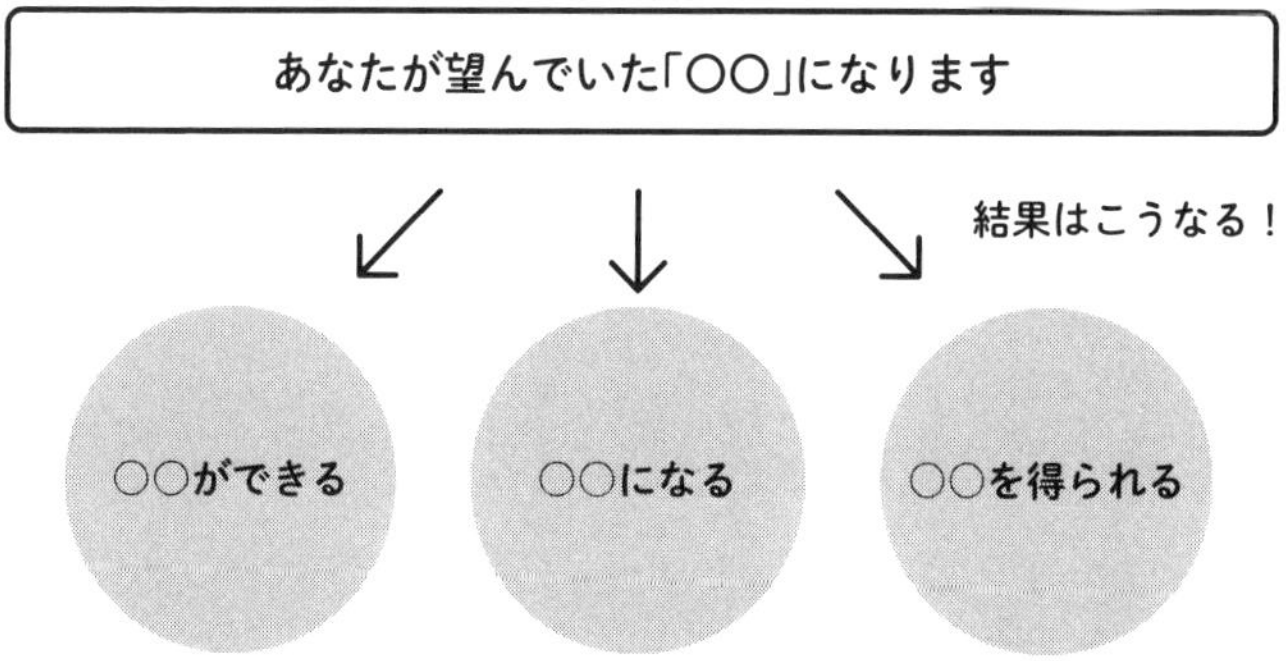

Check!

- ☑ それは、本当に相手が切望する変化か？
- ☑ 主語が「私」になっていないか？

「変化後（after）」が魅力的な状態だったから、です。もし、あのビフォァー・アフターが逆だったら、誰にも興味を持ってもらえないでしょう。

そこで使っていただきたいフレーズが先ほどの「あなたが望んでいた○○になります」という表現です。

自分のコンテンツが提供する変化をこのフレーズに当てはめて文章にしてみてください。「あなたが望んでいた」という枕詞《まくらことば》をつけることで、相手がその変化を望んでいるかどうかを自分の中で一瞬でも考えるようになります。

あなたのコンテンツが提供するのは、どんな変化でしょうか？　それは、「あなたが望んでいたこと」と言えるでしょうか？　それを確認してみましょう。

3人寄れば文殊の知恵

類感マトリックスを埋める作業は、ひとりで実施するだけでも、とても有意義です。でも、複数人集まればより強力な結果を生み出します。類感マトリックスのワークを3人でやってみてください。3人いれば、3人それぞれが考える〝不〟が出てきますね。それを共有することで、自分になかった視点で世の中の不を見ることができます。

大切なのは、他人の考えからインスピレーションをもらい、「なるほど、そういう視点があるんだったら、こういう視点もあるよね」と新しい視点を生み出すことです。

ただし、ここでも**自分のビジネスを100%無視する**ということは変わりません。仮に同じ会社のメンバーでやるにしても、「自分たちの商品が誰の役に立てるか」という視点は一切捨て、「世の中の人は一般的にどんな課題や願望を持っているか、どんなことに困っているか」をリストアップすることに専念してください。

そして、3人が別々に考えたら、それを共有します。3人が順番に一つずつ、自分が描いた「世の中の〝不〟」を発表していきます。ポイントは、**ひとり一つずつ発表する**ということです。自分の類感マトリックスに10個書いてあったとしても、10個すべてを一度に発表するのではなく、一つずつしてください。

そして、他のメンバーが出した〝不〟で、自分が書いていないものがあったら、それを自分のマトリックスに追加してください。また、他のメンバーがあげた内容からインスピレーションを受けて新しい不を思いついたら、それも追記し、発表してください。

こうすることで、ひとりで行う時よりも何倍もの〝不〟を言葉にできるようになります。同じ会社のメンバーや同じ属性（性別、学歴、業界、年収など）の人とやるのももちろん意味がありますが、まったく違う人たちとやってみるのもかなりおもしろいです。

たとえば、主婦は、主婦の目線から見た「世の中の不」をリストアップするでしょう。学生には学生の視点から、同じビジネスパーソンでもまったくの異業種の人や住んでいる地域が違う人は、自分とは違う見方をしているかもしれません。

〝不〟を解決するところにビジネスチャンスがあります。ということは、その不をできるだけ多く集め、その中から自分が解決できるものを選び、提供すればそれだけビジネスができるということです。

3人で類感マトリックスをやると効果的

- 順番に発表していく
- 自分たちの商品のことは一切考えない
- 自分にない視点を学ぶ

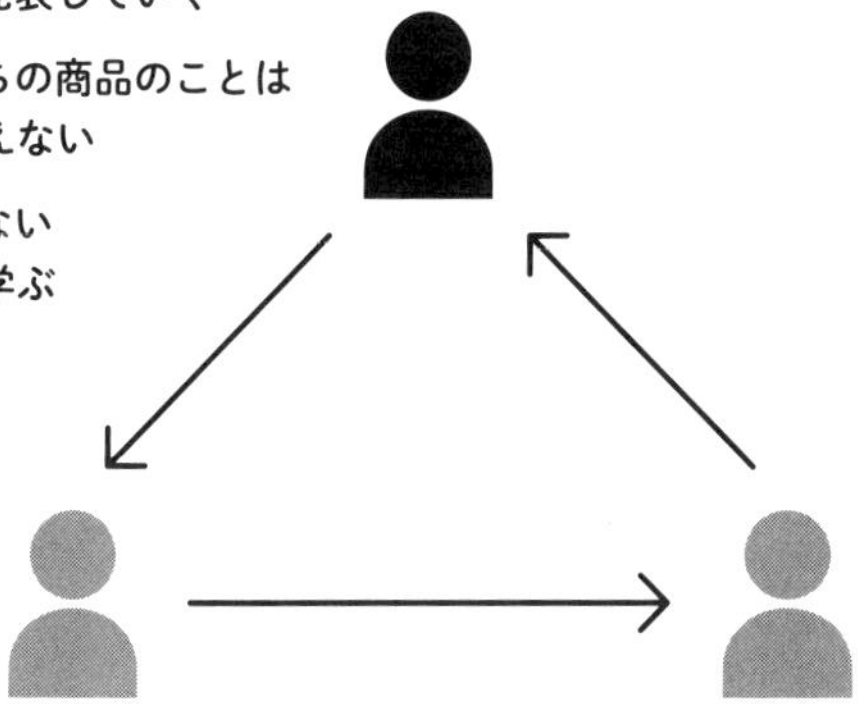

3人でやると、様々な視点の「不」をより多く集められる

STEP 1 ひとり1つずつ「不」を発表する

STEP 2 他人が発表した「不」をマトリックスに記入

STEP 3 新しい「不」を思いついたら追記する

STEP 4 同じ属性、違う属性で試してみる。自分とは違う見方を知る

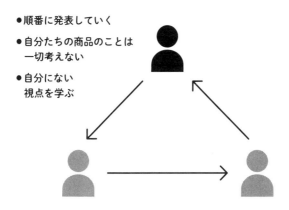

■人間観察は、今すぐできる無料のケーススタディ

類感は、世間の人々が持っている感覚です。「世の中の人は、こういうことで困っているよね」「こういうことをしたいと思っているよね」と言い当てることができれば、あなたは売れるコンテンツを生み出せるわけです。

ぼくは大学生の時、レンタルビデオショップでアルバイトをしていました。商店街にある小さな店舗でしたが、それなりにお客さんは多かったように思います。みなさん、新作の映画が出るたびに、レンタルしに来ていました。

ここでお客さんを観察して気づいたことがあります。

それは、「返却しに来る時、機嫌が悪い人が多い」ということです。借りていく時は観たい映画を観られる楽しさがありますが、返却する時は、何も楽しくありません。しかも延滞料金がかかりそうになって、閉店間際に慌てて駆け込んで来るお客さんもたくさんい

ました。お客さんが返却のストレスをとても強く感じていることは、お客さんを見ていれば一目瞭然だったのです。

そこで店長に「郵送で返却できるようにしたらどうでしょう？　もしくは自宅まで取りに行くとか」と提案してみました。ぼくがアルバイトをしていたのは、小さな店舗で、いろいろな制約があったため、この案は実現しませんでした。

でも、数年後、大手チェーンが宅配での返却を始めた時、「やっぱりね」と思いました。これが求められているサービスであることは、お客さんを観察していればすぐにわかりました。発想力がすぐれているとか、着眼点が鋭いということではなく、**観察しているかどうか、**なんです。

「人間観察」というと失礼ですが、世の中の人を観察して、**みんながどんなことに悩んでいるか、どんなことにイラだっているか、どんなことを不満に感じているか、**を推測してみてください。これはとても有効なワークになります。

そこまで肩ひじを張る必要はありません。観察と言っても、少し眺めるくらいで十分です。電車に乗った時、どこかに向かって歩いている時、カフェやレストランで食事をしている時、周り人たちがどんなことに〝不〟を持っているか、少し想像してみてください。最初は自分の勝手な予想かもしれませんが、だんだん「世の中の人って、こういうことを感じているよね」がつかめてくるようになります。

世の中の人は、「身の回りにある不用品を整理したいなぁ」と思っているだろうな。そして「その不用品がお金に換わったらいいなぁ」と思っているだろうな。

そのような世の中の願望を感じ取っている人が、ネットオークションやメルカリなどのサービスを考えつくわけです。

「最近、みんな働き方に悩んでいるよね」

「若い人たちは、将来の不安を強く感じているよなぁ」

このような、一般的な感覚を持てるようになったら、より筋がいいコンテンツを考えることができます。この感覚をつくるベースになるのが、じつは「人間観察」なんです。ぜひ今日の帰り道、電車に乗ったら周りをサッと見渡してみてください。そして、あなたの近くにいる人がどんなことを考えているかを推測してみてください。「もしかしたら、みんなこんなこと感じているかな……」と、これまで気づかなかったかなりの気づきを得ることができるはずです。

POINT 2 資格

「あなただったら任せられるね」をどう感じてもらえるか？

次に「資格」です。「自分はあなたにそのベネフィットを提供できます」「当社の商品こそがあなたにピッタリです」と言うための資格。逆に見ると、「あなたこそ私の不を解消してくれる人だ」と思ってもらわなければいけません。

「私のことをよく知ってくれれば、私が信頼できる人間だとわかってもらえる！」と考えるかもしれません。たしかに、よく知ってもらえれば信頼関係は築きやすいでしょう。でも、それは順番が逆なんです。

お客さんは、たくさん時間をかけて信頼できるようになった人から買うのではなく、信頼できそうな人に声をかけて商品を買うのです。

売れ筋ランキングの上位に入っている商品は、さらによく売れます。みんなが知っているようなブランド品はそれほど苦労しなくてもお客さんを呼び込むことができます。

それは、最初に「信頼」があるから、ですね。信頼がある人、信頼がある商品がまず検討されるのです。

では、どういう要素があれば、具体的な内容を知る前から「よさそう!」と思ってもらえるでしょうか? 「私はウソをつきません。私を信じて買ってください!」と言っても意味がありません。知人ならともかく、見ず知らずの人に口で言って信じてもらえる可能性は高くないでしょう。

「私を信じて!」ではなく、「こんな人だったら信頼できる」と思ってもらわなければいけません。

それを言葉にするために、まず**「このテーマだったら、どんな人から話を聞きたいと思うか？」**を考えます。自分がそのテーマについてアドバイスを受けるとしたら、どんな人にお願いしたいと感じるか？　です。

この「どんな人」の定義は、**「実績」**と**「肩書」**を考えるとつくりやすいです。

「実績」とは、これまであなたがやってきたことです。あなたは、どんな実績を持っている人を信用するでしょうか？

指標として、一つは**「業歴」**があるでしょう。創業100年、牛丼一筋300年などです。また「指導実績（顧客数）」が多い人も信頼できそうです。「これまで20万人を指導してきました」「すでに100万個売れてます！」と言われると、「この人（会社）、すごそう！」と思いますね。

もしくは、「国家資格」や「学歴」、「勤めている会社名」もプラスになることがあります。「医者」と言えば、身体や健康のことを熟知している人だと感じますし、「弁護士」と言えば、「頭がよさそうで、論理に強そう」というイメージを持ちます。生産性のことを語る場合は「トヨタ自動車で学んだ」と言えばすごく説得力があります。営業に関しては「元リクルート社」というフレーズが有効でしょう。

このように、まず「自分は、どんな実績を持っている人、どんな肩書の人を信用するだろうか」、それを定義するところから始めます。

そして次に考えることは、「では自分だったら、どの指標をどんな数字で表現できるか。どんな肩書・経歴があるか」です。

「私は、この分野で一生懸命頑張ってきました」とアピールしても意味がありません。単にそう言うだけなら、誰でも言えてしまいます。その「一生懸命さ」を客観的に表さなければいけません。

では、どうすればいいか？　まずは「**数字**」です。自分がやってきたことを、数字で表してください。

あなたは何年それに関わってきたのでしょうか？

これまで何人の人に提供してきたのでしょうか？

何年、研究をしてきましたか？
そのビジネスでの売り上げはいくらですか？
どのくらいの期間で結果を出すことができますか？

「一生懸命にやってきた」ということをわかってもらうとしたら、どんな数字を出せばいいでしょうか？　それを考えるために、まずは「あなた」を数字で表してください。あなたの人生で数字にできることをすべて出してみてください。西暦何年生まれで、仕事（勉強）を何年やって、ビジネスをいくつ経験して、これまで何人のお客さんと会って、などいくつか出てきますね。

ただ、その出した数字をすべて出していいわけではありません。この数字はあくまでもあなたの「資格」を表現するためのものです。なんの「資格」かと言えば、「ベネフィットを提供する資格」ですね。「Aだったあなたを、Bにする」というベネフィットがあります。そのベネフィットを自分が提供できる証明としての「資格」です。

ということは、このベネフィットを提供することに関係ある数字・資格しか関係がないということです。たとえば、「ぽっちゃりしていたあなたをスリムにする」というベネフィットを提案したとしましょう。あなたのコンテンツを買えば、ダイエットできるわけです。となると、ここでは「なぜ私がそのダイエットについて語ってもいいのか?」という資格を出さなければいけないわけです。

逆に言えば、ダイエットと関係ない経験や要素を数字で表しても意味がないのです。たとえば、ぼくは4人兄弟です(姉、ぼく、妹、弟)。でもこの「兄弟が4人いる」ということと、ぼくのノウハウはまったく関係がありません。

ぼくのパーソナリティを知ってもらうには少しは役立つかもしれませんが、ノウハウとは直結しません。なので、この「兄弟が4人」という数字は省きます。

また、ぼくが富士フイルム社、サイバーエージェント社、リクルート社の3社を経験してきたことも、ダイエットとは関係がありません。なのでこれも使えません。

一方で使えるとしたら、「6か月で12キロの減量に成功」「90キロから78キロに」などの数字でしょう。

提供するベネフィットに信頼性はあるか？

解決する不	どんな人から聞きたい？	自分の数字・資格
“ぽっちゃり”をスリムにする	自分で試して成功した人	90キロから 78キロまで痩せた
	これまでたくさん 指導してきた人	指導経験なし
しんどい働き方から、納得する働き方になる	しんどい働き方を していた人、 そこから抜け出した人	仕事がハードな 民間企業3社に勤務
	世の中の仕組みを 知っている人	経済ジャーナリスト （経済に詳しい人）

また、ぼくがダイエットではなく「働き方」の本を出す時には、働き方を語れる資格としての数字を出します。この時は減量の成果を出しても意味がありません。しかし先ほどボツにした、「民間企業3社に勤めた経験」は、ぼくが「いろんな会社でビジネスを経験してきた実績」になります。そのため、この「3社」という数字は出せそうです。

要は、なんでもかんでも履歴書のように出せばいいのではなく、**提供するベネフィットの裏づけ、信頼性として使えるものだけを出す**ということです。

POINT 3 目新しさ

「これまでのと違うね！」を感じてもらう

目新しさを打ち出すためには、まず自分の商品の特徴を知らなければいけません。自分の商品だからといって、すべてわかっていると思ってはいけません。就職活動をした時に「自己分析」をしましたよね。あのやり方が良かったかどうかは別にして、自分のこともしっかり考えてみないとわからないわけです。

商品も同じです。まず、自分の商品がどんなものであるかを言葉にしてみます。

ではどうするか？　棚卸しをするんです。自分が提供することを分解し、どんな要素があるか一つずつ確認するわけです。

ここでは二つの視点から棚卸していきます。その二つの視点とは**「知識」**と**「スキル」**です。

相手が〝after〟をできるようになるために必要な知識があります。**「これを知らないとできない」**というものですね。営業ノウハウでも、数学の問題でも、スポーツでも、「頭で知らないといけないこと」があります。営業ノウハウだったら、営業そのものの段取りや、「お客さん情報の集め方」がそれに当たるかもしれません。もっと言えば、お客さんを「御社」と呼ぶことや見積書の書き方を知らなければ営業はできません。

スポーツでも「知識」は必要です。サッカーがうまくなりたければ、サッカーのルールを知識として知らなければいけませんし、戦術の知識も必要でしょう。

そしてもう一つ、「スキル」を身につけなければいけませんね。頭で知っていても、実際にできるかどうかは別問題ですし、そもそも知識とは別に「**できなければいけないこと**」があります。

あなたが相手に伝えるのは、「どんなことを（知識として）知らなければいけないか」と「どんなことを（スキルとして）できるようにならなければいけないか」です。

この二つを分けて提示することで、相手はより頭が整理された状態であなたのノウハウを吸収できるでしょう。

これらを行うことで、**自分が提供するものの中身**を改めて確認できます。そして同時に、**自分が提供するものとライバルが提供するものの違い**を明らかにすることができます。みなさんの商品にあって、ライバルにない要素を伝えれば、それは「目新しさ」になります。

自分では当たり前に思っていることでも、顧客には「それ、新しい！」と言われる要素があります。「目新しさ」は、相手が思ってくれればそれでいい。なにも、実際に「世界初」

である必要はないのです。
自分はすでにその商品にどっぷりつかっているので、そういう「目新しいポイント」がわかりづらくなっています。改めて自分の商品の特徴を棚卸しし、分解して言葉にすることで、意外な発見があると思います。

目新しさは「質」で勝負する

多くの企業（提供者）は、ライバルと差別化しようとしています。それはそれで大事なのですが、多くの場合、「差別化」と称して、ライバルのやり方を否定するだけになってしまっています。

「あの会社のやり方はイケてない」
「じつはあの会社の商品は質が悪い」

「あんなんじゃダメだ」

などなど、差別化というより、ライバル企業の粗さがしになっていることがあります。ですが、それでは顧客に「あなたの良さ」が伝わりません。「ライバルのＮＧポイント」は伝えられるかもしれませんが、あなたの良さはまったく言えません。

既存のライバルとの差別化を図るためには、相手を引き下げるのではなく、「自分は相手よりいい！」という、**自分が勝っているポイント**を伝えなければいけません。

そして、ライバルと差別化するために、ライバルを下げるのではなく、「**ライバルを上回ろう**」という視点が必要になります。

あなたがダメ出しをする、そのライバルにもお客さんが来ています。ということは、お客さんに評価されるポイントがあるということですね。そこをマネし、さらに、ライバルの上を行ってみてはいかがでしょうか？

プロの視点からライバルを見てください。そして、全体として評価はできなかったとしても、「このポイントはすごいよね」と評価、もしくはリスペクトできるポイントを探してみてください。

顧客は、「いい！」と思うポイントがあるから、ライバルに仕事を依頼しているんです。ライバルの悪いところを見つけて、そこを否定するばかりでは、先に進みません。

ぜひ、ライバルのいいところ、顧客に評価されているところに焦点を合わせ、そのさらに上を行ってみてください。

そういう「質の差別化」ができれば、必然的に多くのお客さんがあなたのところに来ます。ライバルのやり方を否定してしまうと、そのやり方に惹かれている顧客を自ら放棄することになる。それはもったいないですね。

かく言うぼくも、かつて同じことをしていました。同業者がやっている集客方法が、どうもギラギラ・ガツガツしているように見えて、「あんな下品なやり方はしたくない」と思っていました。

でも、その「下品なやり方」に人は興味を持ち、多くの人がそのライバルの元に行っていたのです。「下品」だと思っていたのは、ぼくだけでした。当初、下品だと思っていたやり方は、自分で試しに取り入れてみると、結果が大きく変わり、ビジネスも大きく飛躍しました。

それまで食わず嫌いだったために、多くのチャンスを逃していたわけです。本当にもったいなかった。

ライバルを見てください。ライバルの商品や、やり方で気に入らないところが目についても無視してください。そして、評価できるポイントを頑張って見つけてください。

その視点が、自分の殻を破ることになるし、自分のビジネスのステージを上げることになると思います。

POINT 4 »

納得感

なぜそれを知る必要があるのか?

自分や自分の商品を棚卸しします。そして、それに加えて、「なぜそれを知らなければいけないか」を文章にしておきます。あなたが相手に教えることにはどんな意味があるでしょうか？「だって……、それを知らなきゃまずいでしょ？」としか言えないとしたら、もしかしたら「やる必要がないこと」なのかもしれません。もしくは、意味を知らずに、ただなんとなくやっているだけかもしれません。

かつて高校球児と言えば〝うさぎ跳び〟、という風潮がありましたが、今はなくなっています。それは〝うさぎ跳び〟が膝に悪いことが判明しただけでなく、スクワットではなくうさぎ跳びをやる理由が明確になかったからです。

ビジネス現場でも、これまでそうだったからという「慣例」や思い込みで続けられているものはよくありますね。「今までやってきたことだから」という理由で、意味なく定例会議を続けたり、朝礼をしている企業は多いのではないでしょうか？（定例会議・朝礼に意味がないのではなく、意味がなくなっているのに、続けている企業がある、という意味です）。

あなたは相手に「これをやれば、ゴールに行けますよ」と伝えています。そしてその手順は、可能な限り最短距離でなければいけません。家電製品の取扱説明書に「製品の裏面を見てください。特に意味はありませんが」というようなことは書いてありませんね。

あなたが相手に「これができるようになっていましょう」と指導する内容は、必要不可欠なものでなければいけません。そしてまた、相手にその必要性を納得してもらわなければいけません。

そのために、**「なぜそれを知らなきゃいけない？　なぜそれができるようになってなきゃいけない？」**という問いかけに答える必要があるのです。

これをすることで、自分の中でも自分のやり方・ノウハウを再検証できます。これまでなんとなくやっていたことの意味を考え、「よくよく考えてみたら、必要のない工程だった」というものがあれば、それを省いてやってみます。無駄なことを省こうとする考え方は、あなた自身が思考を整理するのにもとても役立ちます。

たとえば、先日、ぼくが主宰している出版講座の受講生が「足裏のアーチ」を整えることがダイエットにつながる、という主旨の本を出しました。最初、このノウハウを聞いた時には、まったく意味がわかりませんでした。なぜ、足の裏のゆがみを整えることと、ダイエットが関係あるのかわからなかったのです。

でも、著者の話を聞いて理解しました。

身体は足が支えています。そして、支えるという意味で、まず大事なのが「足の裏」ですね。足の裏が地面について身体を支えています。これは家と同じで、その足の裏がゆがんでいると、上に載っているものがゆがんでしまいます。家ももし土台が曲がっていたら、建物のバランスが悪くなり、めちゃくちゃになってしまいますね。

身体の場合、土台である足の裏がゆがんでいると、身体のバランスを守るために、肉をつけて身体を守ろうとするらしいのです。しかしそれは〝プラスα〟のぜい肉です。足の裏がゆがんでいると、どうしても身体に肉がついてしまうということだったのです。

この話を聞いて、ぼくは納得しました。一見関係なさそうな内容でも、ちゃんと理由を聞けばその必要性や重要性がわかります。

プロにとっては「足のゆがみは全身をゆがませて、余計な肉をつけてしまう」というのは当たり前のことかもしれません。でも素人にはピンとこないことです。しっかりと理由を説明できるように、まずは自分が明確に言葉にしてみましょう。

なぜ、それを知る必要があるかを言葉にする

足裏のゆがみを整えれば

ぜい肉のついた身体が → 痩せて細くなる

そのために学ぶべきこと	それを学ぶ意味
足裏の骨格を知る	足裏の正しい“アーチ”をキープしておかなければいけないため
足裏のアーチの矯正方法を知る	自分で日々矯正することができるようにするため
正しい歩き方を知る	歩き方のバランスが悪く重心が乱れるとバランスを守るために、お肉がついてしまうため

伝えなければ、伝わらない

目新しさと納得感を得るためには、「**伝える力**」も欠かせません。

コンテンツをまとめるだけで終わりではありませんね。まとめたコンテンツは、相手に伝えなければいけません。黙っていて伝わると思っていてはいけませんし、「自分から何も言わなくても、いつか誰かが評価してくれる」という考えもいけません。

かつて、友人が夢だった飲食店を開きました。ただ、彼はまったくそのお店のことを告知しようとしません。ブログやフェイスブックなどで、「オープンしました！」と言うくらい無料でできるのに、それすらも行いません。

なぜ何も告知しないのかを聞くと、「自然に広まるのがカッコいい。自分から宣伝するのはカッコ悪い」という返事でした。そして残念ながら、そのお店は2年たたずに閉店してしまいました。

厳しい言い方ですが、一生懸命やっていれば、誰かが見てくれるというのは、単なる甘えにすぎません。また、質が良ければ、口コミが生まれて売れていくと思うのも認識が甘いと言わざるを得ません。

現代では、情報があふれていて、ほとんどの人は自分自身のことでいっぱいです。他の人のことにいちいち注目している余裕はないのです。

伝えたいことがあるのなら、自分から発信していかなければいけません。そうでなければ、相手はわかってくれませんね。

自分が相手に提供できるコンテンツを持ったら、今度はそれを一生懸命伝えなければいけません。

「伝える」は簡単ではありません。とりわけ、営業（販売）やプレゼンでは、相手が企業向けであれ、個人向けであれ、自分の商品のウリや良さを伝えているつもりがまったく伝わっていない、ということがよく起こります。

本人は「これを言えば良さが伝わる」と思って顧客に話しています。つまり、一生懸命良く見せようとしているわけですね。でも、多くの場合それは相手から見て「良く見えていません」。つまり、伝わっていないのです。

言葉にできなければ伝わらない

そして相手に伝えるためには、前提として、伝えたい内容を言葉にできていなければいけません。

自分が提供できるベネフィットが定まり、その自分が提供できる価値を言葉にできたら、それで完成……ではありません。

次にやらなければいけないのは、**自分が実現する世界を言葉にすることです。**

多くの人が〝いいもの〟を持っています。でも、それを言葉にできていません。「すごくいいんです。これを広めたいんです。でも、なんて表現していいかわからないんです」と言う人がとても多いです。

そういう人は、せっかくいいものを持っているのに、お客さんに理解してもらえず、認めてもらえません。だから、売れません。

特に、コーチングやカウンセリングなどを提供している人はこんな「ウリ文句」で自分のサービスを紹介しています。

「なんとなくいい感じになるんです」
「ハッピーになれるんです」
「人生がうまくいくようになる」

これでは、他人はわかりません。自分にはわかるので、なんとなく伝えているつもりになるでしょうが、伝わってはいません。ちょうど同じ感性を持っている人がいたら、その人には伝わるでしょう。でもその他の人には伝わりません。

自分が考えていることを言葉にすることが苦手な人がいます。左脳派の人は言葉にするのがうまそう、右脳派の人は苦手っぽい、というイメージがありますね。でもそれで決まるわけではないと思います。普段の言葉の使い方（トレーニング）で、言葉の使い方が変わります。

言葉にできない人には、いくつかの特徴があります。

- 擬態語が多い
- 形容詞や副詞が多い
- すべてを表現しようとする

まず、「擬態語」が多い人。擬態語とは、音を表わす言葉ですよね。「気持ちがスーッと楽になる」「言いたいことをズバッと言える」「ワクワクする」など、なんとなくのニュアンスで伝える言葉です。

伝えている本人は、自分の頭の中を適切に表現しているつもりかもしれませんが、聞いている側は正直よくわかりません。「なんとなくのニュアンス」で伝えているので、人によって解釈が異なりますし、そもそもどんなことを指しているのか明確には伝わりません。

「気持ちがスーッとなる」というのは、どういう状態のことを示しているのでしょうか？

伝える側の当人にしてみれば明確に頭の中にイメージがあります。でも、本人の中でもそれは漠然としたイメージであることがほとんどです。

それは相手には伝わりません。そして、伝わらないものは、「それほしい！」と思ってもらうこともできません。


同じように、「形容詞や副詞」などの修飾語が多い人もなかなか文章にしづらいです。

形容詞や副詞は、修飾語ですね。つまり、何かを飾る言葉です。ということは、「そのもの」を表しているわけじゃないということなんです。形容詞や副詞は実際は何も表していないわけです。

たとえば、「あの人は、すごい」という言い方があります。でも、この「あの人は、すごい」というフレーズを聞いても、この「あの人」の性質は何一つわかりませんね。「すごい」という形容詞は、実際には何も内容を表していないのです。

形容詞や副詞を使うことが悪いのではありません。形容詞・副詞を使うことで「伝えたつもり」になって、満足してしまうことが問題なのです。

「すごい人」というと、なんか内容を伝えたつもりになってしまいます。ですが、実際には何も伝えていない。「すごい」が指している内容を言葉にしなければいけません。

「すごい」とは何ができることなのでしょうか？

その「伝えたつもり」をなくし、「ちゃんと伝わる言葉」にするために、次の「映像化」のワークが役に立ちます。

映像にして説明すれば言葉にできる

伝えたつもりで伝わらない表現を、伝わる言葉にするために、「映像にして説明する」という手法を使います。あなたが「すごい」と感じた場面を思い出してください。その場面は頭の中で映像になっていると思います。その映像を説明するんです。それができると、自分が何を「すごい」と思っているのかを、自分でつかめるようになります。

前にも触れましたが、ライザップのテレビＣＭは、非常にわかりやすく伝えていますね。あなたが扱っている商品サービスで、ライザップのＣＭのような before → after を表現するとしたら、どのような映像になるでしょう？

「なんとなくいい感じになるんです」と言いたい時は、その「なんとなくいい感じ」になっている人の映像を思い浮かべ、その映像を説明してください。その人は、どこにいますか？　何をしていますか？　誰と一緒にいますか？　どんな格好をしていますか？　などど、思い浮かべた映像を細かく説明してみてください。

言葉にできないのは、**全体をひと言で表現しようとしているからです。**特定の場面に絞って構わないので、具体的に説明してみてください。

冒頭で短く伝えなければ、伝わらない

あなたの価値を伝えるためには、プレゼンテーションの技術が必要です。プレゼンスキルと言っても、スライドの作り方やジェスチャー、発声方法ではありません。あなたが気にしなければいけないのは、「**最初に、相手に何を伝えるか？**」です。

そもそも、伝わりづらい言葉になってしまうのは、本人が「すべてを伝えたい」と思っているからです。すべてをこのひと言で伝えたい、伝えなきゃと思っているので、どうしても抽象的で漠然とした言葉になってしまうのです。

すべてを伝えたいと思う気持ちはわかりますが、そのせいでまったく伝わっていなかったら意味がありません。

みなさんが提供する価値を「**Aだった人が、Bになる**」という具体的な表現にしてくださいさい。そんなひと言では表せない、と感じるのは単に欲張る心と恐怖心が出てきてしまっているだけです。

すべてを網羅する言葉を使えば、いろんな人が興味を持ってくれるのでは？　という欲張りな心と、限定した表現をしてしまうと一部の人にしか興味を持ってもらえないのでは？　という恐怖心がぬぐえないからです。

つまり、あなたの気持ちの問題です。思い切って、腹をくくって、**一部分に限定して表現をしてみてください**。これまでとはまったく違う表現ができるようになります。

インターネットのサイトも同じことが言われています。たまたまアクセスしたサイトに興味を持つかどうかは、ファーストビュー（最初にパソコンの画面に出ている部分）がかなり重要になります。ファーストビューに魅力的なことが書いてあれば、その先も読み続ける、ファーストビューがつまらないと、ページを閉じてしまいます。

特に何か商品を販売するページの場合は、なおさらです。最初にベネフィットを打ち出さなければその先を読んでもらえません。しかも、最初（ファーストビュー）だけでベネフィットがわかってもらえなければ、その先に進んでもらえません。

言われてみれば「そんなの当たり前」と思うかもしれませんが、実際に多くのサイトが「ファーストビューがつまらない現象」に陥っています。そこには「陥りやすいワナ」があるからです。

それは、「**自分の話をしてしまう**」ということです。

売れないサイトでは、一番大事な「ファーストビュー」に、自分の想いを載せてしまっています。「なぜ自分がこの商品を世に出したいか」「なぜ自分がこの分野に興味を持ったか」など自分の話を長々と載せてしまっています。

気持ちはわかります。こだわりや自分がその商品を世に広めたい熱い想いを聞いてほしいと思うのは自然なことかもしれません。ですが、最初にそんなことを言われても、多くの人は共感できません。人が興味を持つのは、基本的には**自分にベネフィットがあるから**です。ベネフィットを感じたあとに、その商品・サービスがちゃんとしているか、質がいいかなどの中身が気になります。そこでは提供者の想いは参考になるでしょう。自分の話をするのは、「ベネフィットを提示したあと」だと強く意識してください。


営業の場でも、企業間のプレゼンテーションでも同じです。

営業やプレゼンを意味のない内容からスタートすることは、じつはかなり多いです。「弊社の紹介をさせていただきます」「御社がビジネスをされている○×業界の動向を整理してまいりました」などなど。

これらが必要な場面もあるかもしれません。ですが、「弊社の紹介」「業界の動向」を聞きたくてその場にいるわけではありません。そのプレゼンテーションの内容が、**自分に**

とって役立つかどうかを知りたいのです。

であれば、最初にそれを伝えた方がわかりやすいです。そのプレゼンテーションは、要するに何の話なのか、このプレゼンを聞いたら、何がわかるようになるのか、相手にどんなベネフィットがあるのか、それを開口一番伝えなければいけません。

それをプレゼンで使う資料のタイトルにしてもらいたいくらいです。最初に「**今日の話は、あなたが○○になるための話です**」と言えるかどうか。それでみなさんへの注目度は大きく変わります。

「伝えなければ伝わらない」「冒頭で短く伝えなければ伝わらない」。それを常に念頭に置いてあなたの商品が持つコンテンツを表現してみてください。惹きつける力が格段に変わるはずです。

おわりに――好きなこと＝お金を使っていることが一番ビジネスになりやすい

ここ数年、「好きなことを仕事にしよう」と言われることが多くあります。ぼくもやりたくもない仕事をしているんだったら、好きなことを仕事にした方が断然いいとは思います。

ただ、多くの方は、「自分は何が好きなのかわからない」と言います。今の会社を辞めたい、自分でビジネスをしたいと思ってはいるが、何をしていいかわからないという状態のようなのです。

このような悩みに対して、ぼくはこれまで「自分がこれまでやってきたことに目を向けよう」という話をしてきました。自分が一生懸命にやってきた事柄であれば、自分は他の人ができないことができるようになっているはず、つまりプロになっているはずです。その分野でどんなビジネスができるかを考えよう、という考え方をしていました。

ですが、もう一つ、ある方からとてもいい考え方を教わりました。

「自分が消費者として、これまでお金を使ってきたことをしよう」

この考え方、捉え方はとても素晴らしいと感じています。

自分がお客さんとしてお金をたくさん使ってきた分野は、間違いなく自分が好きなテーマです。そして、お客さんとしてのこだわりや好みがあり、自分だったらこんな商品を買う、自分だったらこんな店に行く、ということがよくわかっています。それを仕事にしてみよう、という考え方はとてもいいと思います。

この考え方のポイントは、「自分の趣味を仕事にしよう」「自分が好きなテーマを仕事にしよう」ではなく、「自分がお金を使ってきたことを仕事にしよう」ということだと思います。

そして、消費者としてのこだわりをプロの視点で活かそうとしている点だと思います。

消費者と提供者では、立場が違うので、遊び気分だけでは仕事はできません。たまに就活生（学生）が「旅行が好きだから旅行会社に勤めたい」と言って社会人からダメ出しを受けることがあります。

この学生も「好きを仕事に」と考えてそう発想したのだと思います。ただ、もしこの考え方の根本に「旅行会社に勤めたら、タダで旅行ができるから」という気持ちがあるのなら、それは〝浅はか〟と言われても仕方がありません。「消費者として好き」ではなく、消費者としてのこだわりをプロとして活かせなければ意味がありません。

消費者の気持ちをわかっている人が提供者になった場合、「消費者が望む商品」が手に取るようにわかります。ライバルの多くは、単に仕事としてやっています。提供者の論理で、提供者の都合で、商品を提供しています。そんなライバルに負けるはずがありません。

たとえば、ぼくはハワイが好きです。あと、日常的な分野だと、足つぼマッサージが好きです。なので、ハワイ旅行と足つぼマッサージだったら、消費者の気持ちがよくわかります。

そのため、「自分だったらこうしてもらいたい」をビジネスに活かすことができます。

もしぼくがハワイ旅行代理店や足つぼマッサージ店を経営したら、こういうサービスがほしい、こういう内容が追加されたら超うれしいということがわかっています。

自分が消費者としてほしいものを提供すれば、必ず賛同してくれるお客さんがいます。それだけで業界ナンバーワンになれるかどうかはわかりませんが、少なくとも自分の生活費を稼げるくらいのお客さんは来てくれるでしょう。

マーケットがどのくらいあるとか、ライバルがどうのこうのとか、そんなことを考える前に、自分が消費者として一番お金を使い、一番「不」を感じてきた分野を考える。そしてそこでビジネスをするのが一番「簡単」だと思うのです。

自分が消費者として買っていた商品の長所は徹底的に研究し、さらに自分が消費者として感じていたワガママ（こだわり）を追加すれば、きっと他の誰かも評価してくれるはずです。

本書では、「どうすれば、売れるのか？」を様々な角度から考えてきました。本書で紹介したコンテンツの作り方は、あらゆる商品・サービスに共通しています。ぜひこれらの要素を取り入れてみてください。きっとお役に立てるはずです。

本書をより深く理解していただくための読書会やセミナーを定期的に開催しています。

売れるコンテンツを見つけ、その価値を相手にわかりやすく伝える力を身につけるための演習・グループワークをご用意してお待ちしております。ご興味ある方は、ぜひ「木暮太一オフィシャルサイト http://koguretaichi.com」にアクセスしてみてください。

ひとりでも多くの方に「なるほど！　こうすれば、売れるのか！」と実感をしていただけたら、とてもうれしく思います。

木暮太一

２０１７年春

［著者］
木暮太一（こぐれ・たいち）
作家、一般社団法人 教育コミュニケーション協会 代表理事
慶應義塾大学経済学部を卒業後、富士フイルム、サイバーエージェント、リクルートを経て独立。説明能力と、言語化能力に定評があり、大学時代に自作した経済学の解説本が学内で爆発的にヒット。現在も経済学部の必読書としてロングセラーに。相手の目線に立った伝え方が、「実務経験者ならでは」と各方面から好評を博し、現在では、企業・団体向けに「説明力養成講座」を実施している。フジテレビ「とくダネ！」レギュラーコメンテーター、NHK「ニッポンのジレンマ」などメディア出演多数。『「自分の言葉」で人を動かす』『カイジ「命より重い！」お金の話』『今までで一番やさしい経済の教科書』など著書多数、累計150万部。

木暮太一オフィシャルサイト　http://koguretaichi.com/

どうすれば、売れるのか？
世界一かんたんな「売れるコンセプト」の見つけ方

2017年4月12日　第1刷発行
2018年6月11日　第4刷発行

著　者 —— 木暮太一
発行所 —— ダイヤモンド社
〒150-8409　東京都渋谷区神宮前6-12-17
http://www.diamond.co.jp/
電話／03·5778·7232（編集）03·5778·7240（販売）

装丁 ———— 寄藤文平＋窪田実莉（文平銀座）
本文デザイン — 二ノ宮 匡（ニクスインク）
本文イラスト — 大野文彰
校正 ———— 鷗来堂
製作進行 —— ダイヤモンド・グラフィック社
印刷 ———— 八光印刷（本文）・加藤文明社（カバー）
製本 ———— 加藤製本
編集担当 —— 市川有人

ISBN 978-4-478-10219-0

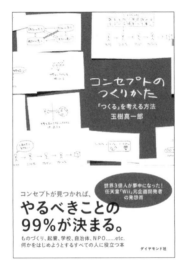